Pais (não) nascem PRONTOS!

Coordenação Editorial
Monica Donetto

Pais (não) nascem PRONTOS!

Literare Books
INTERNATIONAL
BRASIL · EUROPA · USA · JAPÃO

PRESIDENTE

Mauricio Sita

VICE-PRESIDENTE

Alessandra Ksenhuck

DIRETORA EXECUTIVA

Julyana Rosa

DIRETORA DE PROJETOS

Gleide Santos

RELACIONAMENTO COM O CLIENTE

Claudia Pires

EDITOR

Enrico Giglio de Oliveira

ASSISTENTE EDITORIAL

Luis Gustavo da Silva Barboza

REVISORES

Ivani Rezende

CAPA

Clau Cicala

DESIGNER EDITORIAL

Lucas Yamauchi

IMPRESSÃO

Gráfica Paym

Dados Internacionais de Catalogação na Publicação (CIP)
(eDOC BRASIL, Belo Horizonte/MG)

P149   Pais não nascem prontos: construindo caminhos para o desafio de
educar / Coordenadora Monica Donetto. – São Paulo, SP:
Literare Books International, 2022.
208p. : il. ; 14 x 21 cm

Inclui bibliografia
ISBN 978-65-5922-329-9

1. Parentalidade. 2. Pais e filhos. 3. Educação de crianças.
I.Donetto, Monica.

CDD 649.1

Elaborado por Maurício Amormino Júnior – CRB6/2422

LITERARE BOOKS INTERNATIONAL LTDA.

Rua Antônio Augusto Covello, 472
Vila Mariana — São Paulo, SP. CEP 01550-060
+55 11 2659-0968 | www.literarebooks.com.br
contato@literarebooks.com.br

SUMÁRIO

PREFÁCIO

Caro leitor,

Uma das frases que mais tem feito sentido ao longo da caminhada materna é "quando nasce um filho, ali também nasce uma mãe"! E isso se aplica não só às mães, mas aos pais, cuidadores, e todos os envolvidos na incrível missão da criação de filhos. Não que não saibamos nada, todo conhecimento é válido, mas acredito que os nove meses de gestação sejam uma espécie de maturação e preparação não apenas para o bebê, mas para os novos pais também. Porque a partir do nascimento, momento que só consigo definir em palavras como incrível, marcante e transformador, em que um novo mundo se descortina para o bebê, os pais se descobrem imersos em um universo completamente desconhecido, muito embora, até aquele momento, se sentissem plenamente confiantes.

Assim, buscando entender a complexidade dessa nova relação entre novos pais e seus filhos, aliada a sua experiência clínica com famílias, nasceu no coração da psicanalista Mônica Donetto Guedes o desejo de escrever *Pais não nascem prontos*.

Mas este livro, dada à complexidade de todos os temas e assuntos, não poderia ter uma visão unilateral ou unidisciplinar, tendo em vista que a função materna ou paterna de criar seres humanos complexos exige de nós muito mais que instinto, mas também múltiplos conhecimentos.

Consciente ou inconscientemente precisamos, por vezes, administrar nossos sentimentos. Carecemos de autoconhecimento para desenvolver inteligência emocional, administrar conflitos internos e externos, conhecer nossas próprias sombras e aprender não apenas receitas de papinhas e filosofias do sono, mas sobre relações humanas e comportamentais.

Por esse motivo, *Pais não nascem prontos* foi elaborado por muitas mãos, reunindo uma literatura multidisciplinar com o propósito de ajudar os novos pais nessa incrível jornada!

Você encontrará, neste livro, capítulos escritos por diferentes autores, especialistas nas mais diversas áreas do conhecimento, com o intuito de conduzi-lo em uma caminhada rumo ao desenvolvimento de uma parentalidade mais consciente.

Pais não nascem prontos não tem a menor pretensão de ser um roteiro, manual ou muito menos uma cartilha que ensina a ser mãe ou pai.

O que você descobrirá neste livro é que cada trajetória é única, cada família tem sua história, e que o conhecimento multidisciplinar é um valioso aliado nessa incrível jornada de criar filhos!

Convido você a adentrar nessa fascinante leitura, na qual me deparei em muitos momentos analisando a minha própria caminhada como mãe de gêmeos. Percebi que não nascemos prontos e prontos nunca estaremos, mas certamente podemos seguir mais confiantes e conscientes do nosso papel enquanto pais, desde que estejamos dispostos a investir nosso tempo e conhecimento para isso! Boa leitura!

Evelyne Pacheco de Lima Barreto – Bacharel em Administração de Empresas pela Universidade Federal da Bahia, servidora pública no Ministério Público do Estado da Bahia, influenciadora digital, mãe de gêmeos, autora do blog *Querida mamãe* e colunista nas revistas *Meu bebê* e *Alpha e fitness*.

1

DISPOSITIVOS ELETRÔNICOS

ENTRE PAIS E FILHOS

Este capítulo tem como objetivo trazer uma reflexão acerca das questões referentes às crianças e ao excesso de tecnologia. Nesse sentido, proponho um diálogo com os pais a respeito do modo como acompanham os filhos no mundo digital e de que forma também estão inseridos como usuários. A ideia é que os pais analisem as possíveis interferências no desenvolvimento emocional e relacional das crianças a partir do que emerge no contexto familiar.

MÔNICA DONETTO GUEDES

Mônica Donetto Guedes

Contatos
www.monicadonettoguedes.com.br
monicadonettoguedes@gmail.com
Instagram: @mdgpsicanalista

Psicanalista, membro titular e coordenadora da clínica da Formação Freudiana, no Rio de Janeiro/RJ. Membro diretivo da Clínica Apprendere; graduada em Pedagogia pela USU; pós-graduada em Psicopedagogia pelo CEPERJ e pelo Espacio Psicopedagógico de Buenos Aires; pós-graduada em Teoria Psicanalítica e prática Clínico-institucional pela UVA; e autora do livro *Em nome do pai, da mãe e do filho: reflexões sobre a relação entre adultos e crianças* (2010). Coautora do livro *Primeira infância* vol. 2

A maneira como nos constituímos não deixará de ter uma correspondência com as nossas escolhas, de como lidamos com nossas emoções e com nossas relações, incluindo a relação com nossos filhos. Todo esse arcabouço é que fundamenta a forma como lidamos com frustrações, limites e controle, bem como educamos e orientamos nossas crianças.

Os pais costumam perguntar por que não conseguem colocar em prática junto aos filhos muitos dos ideais em que acreditam. É uma queixa compreensível, pois se somos inteligentes e sabemos o melhor a ser feito por que, na prática, não é assim?

Educar não passa apenas pelo campo do conhecimento. As relações são permeadas por emoções e, muitas vezes, as dificuldades vividas pela criança passam pelo que projetamos nela.

Transferimos para a experiência de maternidade e paternidade o que fomos ou desejamos ser na nossa infância. Descontamos na criança nossas dívidas com nossos pais, de modo que ela não passa impunemente por essa história. Logo, fomos afetados pelos nossos pais e afetamos nossos filhos.

Somos responsáveis por escutar a criança acerca do que ela já sabe sobre o mundo, além de considerarmos esse saber e, ao mesmo tempo, mediarmos o que faz sentido ou não do lugar de responsáveis.

No entanto, muitas vezes estamos diante de pais que são imaturos emocionalmente, comportando-se como os filhos e respondendo do mesmo lugar. Dessa forma, podem ser extremamente prejudiciais no desenvolvimento da criança, pois a dissimetria entre pais e filhos é fundamental.

A criança precisa dos pais como modelos. A célebre frase "Faça o que eu falo e não faça o que eu faço" não cabe quando pensamos na educação dos filhos e quando esperamos que eles cresçam com valores, compreendendo regras e as colocando em prática.

Aprendemos pelo sentir, por aquilo que faz sentido. Para uma criança, o sentido requer presença, palavra, ato. Requer experiência. Requer mistura.

Tenho ouvido pais e mães preocupados com o excesso de dispositivos digitais aos quais as crianças estão expostas.

Que tal começarmos esse diálogo nos perguntando como está nossa relação com as telas e com cada um dos aparelhos que permeiam nosso dia a dia? Será que por trás da dificuldade de produzir mudanças no que se refere à educação e sobre o uso da tecnologia o que está omitido é o fato de terem os próprios pais que repensar seu uso? Diante disso, é preciso que certa organização comece pelo adulto da relação.

Os pais estão preocupados com o uso excessivo de tecnologia, mas não se dão conta de que, quando permitem que a criança almoce ou jante no quarto e diante da tela, estão sendo coniventes com a situação. Se os pais estão presentes e assistindo à certa inadequação na postura e no comportamento da criança, será preciso promover interdições e marcações.

O ato de educar não é uma tarefa simples e requer paciência, maturidade, responsabilidade e saúde psíquica. Portanto, é preciso olhar e considerar se estamos fragilizados emocionalmente e, por conseguinte, estarmos com as funções de mães e pais ameaçados.

Uma criança que faz as refeições na bancada do quarto, olhando as telas, é uma criança que pode:

- Não saber adiar o desprazer.
- Não criar uma rotina saudável de se alimentar com a família.
- Estar demasiadamente dependente das telas.
- Fazer uso desse recurso para se sentir acompanhada.
- Desconhecer o sentido e o valor de ficar apenas consigo mesma.

Essa criança não pode ser a única responsável pelo modo como organiza seu dia. A culpa não está no excesso de telas, mas sim na falta de combinados como, por exemplo, o de se alimentar no lugar certo.

Por mais que, em um primeiro momento, a criança se mostre satisfeita porque faz o que quer e o que gosta, sabemos que a curto ou médio prazo demonstrará que o excesso de liberdade em gerenciar a vida pode lhe causar algum tipo de transtorno.

Geralmente, os pais que não colocam as regras são os que se queixam da falta de limite e teimosia dos filhos. São muitas vezes aqueles que não sustentam as regras e passam a seguinte mensagem: "Eu também não dou conta de obedecer à parte que me cabe das regras estabelecidas".

A possibilidade de introjetar demarcações e regras requer tempo e paciência, logo a criança passará a incluí-las em seu repertório de vida como uma verdade e como importantes.

O que se passa com os pais que falam, por exemplo: "Já conversei, ele já está cansado de saber que quando eu chamo para jantar é para desligar o jogo, mas não obedece".

Diante dessas afirmações, ao menos duas situações ocorrem:

- Os pais se sentam à mesa e passam parte do tempo reclamando da ausência do filho, em vez de irem até lá, desligarem o jogo e anunciarem que ele perdeu todo o resto das horas combinadas pelo descumprimento da regra.
- Os pais oscilam no modo de agir, pois, em um dia impõem a regra e, no outro, afrouxam. Resultado: a criança sempre tentar agir da forma como lhe parece mais confortável.

É preciso considerar que não é porque você é o pai ou a mãe que pode ter atitudes em desacordo com seu discurso. Por exemplo: os mesmos pais que proíbem o uso do celular nas refeições acabam eles mesmos fazendo uso, ainda que com justificativas. O excesso muitas vezes vem por falta de prioridade: se não se pode parar alguns minutos para jantar com a família, será preciso repensar nossa postura diante do que chamamos de prioridade antes mesmo de exigir que as crianças entendam sua importância para as relações. Aqui os afetos estão em jogo.

Afeto não se trata de beijo, abraço e carinho.

Afeto significa olhar, reconhecer, espaços de trocas… amparar.

Afeto significa dar atenção para o que acontece, escutar a dor do outro e até mesmo o estado de euforia, de ansiedade.

Afeto significa acolher o medo.

Afeto significa cuidar.

Afeto não é permissividade. "Ah! Coitadinho… não tem nada para fazer, deixa mais um pouquinho!"

Afeto não é só presença física, mas também é.

Afeto é se interessar.

Vejo que muitos pais transferem com frequência para um futuro próximo a capacidade do filho de ter responsabilidade e autonomia.

Autonomia se constrói, sobretudo, pela responsabilidade dos atos… maturidade.

Cada idade já nos mostra o que a criança é capaz de entender e as responsabilidades as quais é capaz de assumir. No entanto, ela precisa de alguém que esteja ali fornecendo conteúdos e oferecendo oportunidades.

Quando os pais queixam-se de que a criança está passando muito tempo em frente às telas, estão comunicando que ela tem autonomia para tomar essa decisão?

O que há por trás dessa relação familiar na qual a criança não respeita uma ordem dos pais, fazendo-os de reféns?

Outra desculpa que leva os pais a justificarem o uso excessivo de tecnologia é a seguinte: "ah... Mas ele não tem nada para fazer!".

A ideia de não poder ficar "sem fazer nada" nos remete à ideia de que é preciso ficar "distraído" todo o tempo. Ao nos ocuparmos o tempo todo, não há tempo de nos conectarmos com nossos sentimentos e emoções. E sem essa possibilidade a criança fica sem espaço para reflexões sobre sua vida, tão importantes para o desenvolvimento emocional e relacional.

"É tão desgastante pedir qualquer coisa para ele que prefiro fazer." Como um pai que faz essa afirmação vem construindo a relação com o filho?

A criança usa muitos recusos para tirar os pais do lugar deles por meio do seu poder de sedução, atitudes agressivas ou manipuladoras. O recurso escolhido é o que ela entende que leva os pais ao afrouxamento das regras. A criança precisa encontrar as barreiras necessárias para aprender, experimentar e crescer.

"Mas preciso falar mil vezes a mesma coisa e não aguento! Só atende quando eu grito." Questiono da seguinte forma: talvez você fale de uma forma que ele não compreende. Às vezes, o que acontece é que os pais falam 1, 2, 3 vezes e a criança continua postergando. Ela não administra o tempo porque não interesse abrir mão do prazer. Se você oferece elasticidade, ela acompanha, pois já entendeu que sua corda estica bem. A condução deve ser firme e amorosa. O grito é entendido como o final da corda, seu limite. E não adianta pensar que a criança que cresceu dentro dessa estrutura vai mudar de uma hora para outra.

É preciso fazer contratos e acordos referentes à família. De tempos em tempos, se faz necessário revisá-los e adequá-los de acordo com a demanda. Vejo na relação dos pais com os filhos acordos que não passam de falácias. A criança não cumpre os combinados e continua com os mesmos benefícios.

Vocês já pararam para pensar que não educamos sozinhos nossos filhos? Eles são atravessados por muitas "verdades" que se escondem por trás da tela, seja por um amigo virtual ou por um *youtuber* que seguem.

Quanto menos os pais imprimem suas marcas no que se refere a responsabilidade, parceria e empatia, mais a criança segurá seus influenciadores virtuais. Esse é um dos perigos da tecnologia.

Nesse novo mundo cabe todo o mundo. Com apenas um dedo, a criança acessa qualquer coisa e pessoa. Talvez tenhamos dificuldades de acompanhar e compreender tudo, pois, se estivermos ao lado da criança para assistir ao *streamer* que ela acompanha, um minuto depois ela já pode navegar por mares nunca antes navegados e perdemos o barco e, se não nos esforçarmos para acompanhar esses novos tempos, perdemos o filho também.

Essa questão é séria, pois muitas vezes os sinais de que algo está produzindo mal-estar, ansiedade ou trazendo informações excessivas e inadequadas não estão claros. Nem sempre a criança apresenta uma mudança no comportamento, nem sempre ela conta para os pais suas angústias e suas ansiedades.

O uso das telas muitas vezes cumpre o papel de nos afastarmos de nós mesmos e, sendo assim, acaba sendo um alívio a dor de existir. Se estamos o tempo todo distraídos, não pensamos no que estamos sentindo.

Quantas questões permeiam as experiências de uma criança junto a um adulto importante na sua vida.

Para a maioria dos pais, é o tempo que as crianças passam usando os eletrônicos que preocupa; no entanto penso que algumas reflexões acerca dessa questão se fazem necessárias:

- Qual é o sentido de se jogar muitas horas? O que a criança está adiando?
- O que acontece no mundo real que não está sendo satisfatório e por isso prefere frequentar o mundo virtual?
- Como foi permitida essa falta de controle quanto ao tempo?

É preciso colocar os limites claros quanto ao tempo, quanto à idade permitida para determinados jogos ou visitas a determinados *sites*. Se realmente estamos preocupados com o que acontecerá em um futuro próximo, precisamos incluir tudo o que é referente à formação de valores e responsabilidades. Então, para além da preocupação com o uso das telas, precisamos nos preocupar com os aspectos que estão no seu entorno que falam de lei e de regras sociais, morais e ética.

Os pais precisam acreditar naquilo que desejam passar para os filhos e precisam agir com coerência. A criança não só percebe como denuncia o tempo todo a hipocrisia contida no discurso.

Atenção! Só prometa o que vai cumprir. Ao cair no descrédito, a criança sempre tentará burlar.

Outro erro comum é tentar "convencer" o filho a mudar de postura com discursos disfuncionais que afetam sua autoestima, como, por exemplo: "Você não quer nada mesmo na vida", "é um irresponsável".

Em vez de imprimir na criança um valor de adequação, o que ela sente é raiva e certa incompreensão dos valores postos em jogo. Cabe aos pais repudiarem o comportamento, mas o afeto precisa ser preservado.

Ao agirem com certa inadequação, ofendendo ou rotulando a criança, produzem grandes falhas na admiração dela por eles. Usar autoridade para impor limites não é sinônimo de usar de violência. A autoridade deve ser exercida com amor e respeito.

Os pais precisam fazer uma autoanálise para entender o que da postura deles vem interferindo negativamente na formação da criança. Não se deve perder tempo com o "discurso terrorista" que interfere na relação entre pais e filhos e não produz mudança efetiva no modo como eles olham para o mundo.

Muitas vezes os pais justificam o próprio excesso de telas e mau uso do tempo com eletrônicos com o fato de serem adultos. A criança não é inocente, também denuncia os pais. Vejamos alguns dos depoimentos:

- "Fala que não tem tempo, mas quando chamo para jogar um jogo está sempre ocupado, mas, na verdade, está no Instagram! Disfarça, mas eu vejo!";
- "Ele fica com o celular na mesa do jantar com a desculpa de que está esperando uma ligação importante do trabalho".

Desencontros que acontecem fora das telas e apesar delas. Se os pais não sabem a hora de pausar, fica muito difícil levar seu filho a pensar e agir diferente.

Como as famílias estão se constituindo apesar da tecnologia? Somos uma geração educada a manejar esses aparatos de modo a sermos exemplo para nossos filhos?

Somos condutores, guias e vetores. Sendo assim, para além do que falamos, o modo como falamos e agimos é o que definirá o que mais nos aflige e que chamamos de "futuro dos nossos filhos".

2

POR QUE MEU FILHO NÃO FALA? UM LABIRINTO; VÁRIOS CAMINHOS

UM TEMA DE RECORRENTE ANGÚSTIA

Meu desejo é que, neste capítulo, eu consiga acalmar os pais, cuidadores e educadores, ofertando pistas de como ajudar na aquisição da linguagem, na comunicação oral ou alternativa. Proporcionar reflexões para a descoberta de caminhos para desvendar o porquê do atraso ou da ausência da fala pela minha vivência profissional e, principalmente, na maternidade do meu filho caçula, que fez com que eu me tornasse uma fonoaudióloga mais acolhedora e compreensiva quanto às incertezas da primeira infância.

ADRIANA MONTUORI

Adriana Montuori

Contatos
drimontuori@gmail.com
Instagram: adriana_fonoabcd

Fonoaudióloga graduada pela Universidade Veiga de Almeida (2004), com pós-graduação em Motricidade Orofacial (CEFAC-RJ), ABA nacional e internacional, Dislexia pela AND, integrante do grupo de reabilitadores de implante coclear (2004 a 2008), serviço voluntário na Obra Social Dona Meca para pacientes com distúrbios neurológicos e síndromes raras. Atuação nos transtornos da fala e linguagem, transtornos do neurodesenvolvimento e reabilitação auditiva em crianças e adultos em consultório particular há 13 anos, sendo 10 no Rio de Janeiro/RJ e 3 em Santo André/SP. Pós-graduação em Avaliação Fonoaudiológica da Linguagem (Alcance Meeting–SP). Participou do grupo de avaliadores da UNIFESP no projeto PROLIN nas escolas municipais de Santo André em 2021. Publicações: *As alterações fonéticas e fonológicas no paciente com fissura palatina* In: 1ª Semana de Iniciação Científica da Uva, 2003, Rio, Brasil. Apresentação: A inclusão do deficiente auditivo no ensino regular–IBMR-RJ. Segue se aperfeiçoando, envolvida nos processos do desenvolvimento da linguagem, apaixonada pela fonoaudiologia. Mãe de dois, uma filha de 24 anos, que fez fono por trocar os fonemas; e de um pré adolescente TDAH, que me ensina mais do que qualquer doutorado.

Há 17 anos recebo pais e cuidadores que chegam ao meu consultório procurando uma resposta para inúmeras perguntas: "Por que meu filho não fala?", "Será que meu filho é surdo?", "É normal meu filho não pedir as coisas?", "Como vou saber o que ele quer?". Esses são alguns exemplos da inquietação das famílias que recebi ao longo da minha trajetória dentro do consultório. Nesse cenário, é preciso acolher, escutar e orientar sabendo a importância de cada palavra pronunciada para acalentar e direcionar de acordo com a análise clínica e pessoal.

Na maioria das vezes, os pais acham que têm desenvolvimento mais rápido e são mais espertos do que outras crianças ou até estão focados no desenvolvimento motor. Mas quando o filho apresenta alguma dificuldade para falar ou desenvolve essa habilidade lentamente, ficam ansiosos. Se essa ansiedade não é boa para eles, é péssima para a criança, que, aí sim, poderá agravar os problemas em relação à fala.

O ser humano demora alguns anos para dominar perfeitamente o mecanismo da fala. Alguns o fazem mais depressa; outros, mais devagar. Não existe data precisa para determinar a normalidade desse processo que envolve uma série de aspectos orgânicos e psíquicos, porém devemos ficar atentos aos marcos do desenvolvimento da linguagem e comportamental da criança. Casos que se distanciem dos marcos nas idades previstas devem ser avaliados por um fonoaudiólogo, pois diversos fatores podem levar a um atraso na aquisição dos sons da fala.

Qualquer atraso nesses marcos do desenvolvimento da fala na criança deve ser esclarecido para evitar o agravamento da situação. Preciso lembrar que é importante trabalhar para que a ansiedade da família se dissolva e, se realmente houver um problema, começar o tratamento precoce. A fonoaudióloga que escreve este texto procurou ajuda psicológica durante o tratamento do filho. Eu temia que ele não falasse; por isso, me dê a sua mão e acredite no potencial do seu filho.

Nós, pais, somos os primeiros e maiores incentivadores dos nossos filhos. Isso inclui a fala. Despenda do seu tempo, da sua criatividade, resgate a criança guardada para brincar e conecte-se profundamente no momento e deixe fluir de maneira que o bebê conduza a situação ao seu bel-prazer. Cada criança é um universo e deve ser percebida, observada e acompanhada em suas particularidades e demandas específicas. Por isso, o adulto responsável por ela deve evitar comparações desnecessárias e percorrer esse "labirinto" da fala ou comunicação para melhorar a qualidade de vida do seu filho. Bebês manipulam conceitos e organizam inúmeras ações bem antes de pronunciar palavras e frases.

Meu maior e real interesse em participar deste livro direcionado a pais de primeira viagem ou àqueles que não estão preparados para receber um filho fora do padrão (sim, idealizamos um filho antes mesmo da concepção e muitas vezes é preciso mudar o roteiro). Quando esse filho falha nesse processo de aquisição da fala, cria-se uma angústia, surgem preocupações e dúvidas quanto ao futuro do seu bem mais precioso. Os primeiros anos de convívio com a criança não são fáceis. Ela é parte dos pais, mas só se formará a partir das observações que faz de todos e tudo que está a sua volta, principalmente das vivências. Preciso transmitir, gritar para informar que a fase mais difícil e de incertezas é a dos 12 aos 36 meses. Essas crianças que não se comunicam oralmente ou por gestos tendem a apresentar maior irritabilidade, choram, fazem birra, mordem, tornando o convívio no lar ou no meio social "pesado". Mas atenção! VAI MELHORAR. Você pode me perguntar: "Quer dizer que meu filho irá falar?". Eu posso dizer que ele se comunicará. Linguagem não é só fala, é gesto, comportamento, comunicação alternativa, escrita, língua de sinais.

Mas o que fazer? Pense que várias são as possibilidades para seu filho desenvolver a comunicação; pense em um labirinto cheio de curvas e mais de uma saída, é preciso passar pelos obstáculos e não acreditar que cada criança tem seu tempo.

Sabemos que os primeiros anos são determinantes para o desenvolvimento do indivíduo. A neuroplasticidade até os três anos é incrível, pois permite que sejam estabelecidas novas conexões sinápticas, alterando a rede de conexões, que se dão por meio de pensamentos, experiências, emoções, comportamentos e pelo ambiente no qual a criança está inserida.

Por essa razão, eu e outros profissionais da área da saúde preconizamos a intervenção precoce. É possível fazer intervenções eficazes para o desenvolvimento de habilidades perdidas e de novas habilidades. Não espere ter um diagnóstico em mãos para procurar orientação e oferecer o melhor para seu bem mais precioso.

Para se ter uma ideia, por volta da 12ª semana de gestação, o bebê pode ouvir sons e, a partir da 24ª semana, responder com movimentos aos sons de fala. Assim, o reconhecimento das vozes e outros sons evolui continuamente após o nascimento, junto às formas não verbais de comunicação, como olhar para o rosto das pessoas, sorrir para elas e iniciar a vocalização (a chamada linguagem de bebês). Por volta de 1 ano de idade, a compreensão de palavras deve ter avançado. Espera-se o "papa" e "mama", que enchem os pais de alegria e marcam o início do desenvolvimento da fala propriamente dito.

A aquisição da linguagem começa muito antes de os bebês dizerem as primeiras palavras: logo que nascem e começam a mamar no seio da mãe. A amamentação é a primeira e uma das mais importantes formas de estimulação. Além de o leite nutrir e fortalecer os laços afetivos, a sucção exercita lábios, língua, bochecha e músculos, que contribuem para um crescimento ósseo e respiratório harmonioso. Mais tarde, isso será a base para o desenvolvimento da linguagem.

O processo de desenvolvimento da linguagem vai desde o nascimento até os 5 anos. Vale ressaltar que o ritmo de aprendizado pode ter pequenas variações, de acordo com limites individuais e os estímulos que a criança recebe. Esse processo é bem complexo e, como este capítulo é para pais, vou deixar aqui os principais aspectos observados na comunicação infantil.

Fases da linguagem

- **De 0 a 2 meses:** o bebê se comunica por meio do choro, para a satisfação de suas necessidades básicas. Seus eventuais sorrisos são meros reflexos.
- **De 2 a 4 meses:** a criança emite gritos e vocalizações, sorri ao interagir com pessoas e começa a ficar atenta aos sons ao seu redor.
- **De 4 a 6 meses:** inicia o balbucio, que é o brincar com a voz, empregando entonações e intensidades variadas, além de movimentar a cabeça para localizar os sons.

- **De 6 a 8 meses:** começa a pronunciar vogais e consoantes sequenciais, ainda sem significado. Já é capaz de localizar sons e atender ao chamado pelo nome.
- **De 8 a 12 meses:** atende aos comandos simples e apresenta expressões básicas, como os sinais de "não", "tchau" e "beijo". Também já inicia produções de sílabas e vogais associadas, tais como mama, papa. Os gestos são significativos. Consegue localizar os sons que vêm de baixo e dos lados.
- **De 12 a 18 meses:** inicia a produção de vocábulos isolados, com significado. Consegue localizar os sons que vêm de cima.
- **Dos 18 meses aos 2 anos:** desenvolve um vocabulário com cerca de 50 palavras e é capaz de manter um pequeno diálogo.
- **De 2 a 3 anos:** acumula cerca de 200 a 400 palavras em seu repertório, elaborando pequenas histórias. Identifica os sons vindos de todos os cantos e representa as atividades diárias em forma de brincadeiras.
- **De 3 a 4 anos:** com vocabulário extenso, a criança sustenta frases mais longas, com cerca de seis palavras, no passado, presente ou futuro. Mantém diálogos e histórias mais detalhados. Ainda se pode esperar trocas e dificuldades na fala, mas a comunicação já deve ser de fácil compreensão.
- **De 4 a 5 anos:** deverá ser capaz de pronunciar, adequadamente, todos os fonemas. As histórias são contadas com detalhes, com noção de tempo e espaço.

Quando o atraso na fala é considerado um problema?

Para responder a esta pergunta, nunca devemos esquecer que ocorrem pequenas variações e algumas crianças demoram mais a falar do que outras.

Meninas falam mais cedo do que meninos: existe a hipótese de que o cérebro feminino pode apresentar maturação ligeiramente mais precoce, mas nenhuma evidência científica conseguiu provar de maneira definitiva que isso as faz desenvolver a fala mais cedo do que eles.

Crianças com 2 anos devem estar combinando ao menos duas palavras em frases simples. Isso porque o desenvolvimento da linguagem é um processo gradativo e de modo contínuo, ou seja, se normal, ele não para, mas obedece a um crescente.

Além disso, o desenvolvimento motor tão valorizado no primeiro ano de vida, como indicador de boa saúde, inclui também o desenvolvimento e uso da musculatura orofacial, caracterizando a condição de normalidade como uma associação, um conjunto de outras formas de linguagem. Portanto, vários sinais devem ser avaliados e não somente a "quantidade" de palavras emitidas em cada idade.

A valorização do relato dos pais, a comparação com o esperado mínimo para cada idade e, principalmente, a correta interpretação do pensamento "cada criança tem seu tempo" são muito importantes ao se considerar a necessidade de diagnóstico preciso e tratamento com estimulação adequada de maneira precoce.

Para falar é necessário escutar, ter órgãos fonoarticulatórios dentro da normalidade com tônus e mobilidade preservados, respiração adequada, interação com o meio e as pessoas que a cercam, ser estimulado e possuir a atividade das redes neuronais assegurando a compreensão e a expressão da linguagem. "Ativadas, essas redes constituem os conhecimentos para remetê-los à consciência, onde estimulam os centros de mediação entre conceitos e linguagem, permitindo a formulação correta de palavras e estruturas sintáticas associadas aos conceitos".

Causas de atraso na fala

Atraso na fala de crianças: quando buscar ajuda médica?

As causas de atraso da fala são variadas, desde dificuldade sensorial (uma falha na audição) ou alterações do neurodesenvolvimento como deficiência intelectual e autismo, mutismo seletivo, distúrbios específicos de linguagem ou apraxia da fala, na qual a criança tem a ideia do que quer comunicar, mas seu cérebro falha ao planejar e programar a sequência de movimentos para produzir sons da fala. E não se deve esquecer que a exposição excessiva a telas eletrônicas associada a falta de estimulação, principalmente para os menores de 2 anos de idade, tem sido apontada como fator de risco para atraso de linguagem.

Em tempos "instagramáveis", é possível observar o cotidiano de algumas famílias. Foi absurda a notoriedade e o entusiasmo que uma menina de menos de dois anos recebeu por falar palavras difíceis e inventar pequenas histórias. E qual foi a resposta da mãe quando perguntada sobre o porquê da habilidade da filha? "Não assistimos à TV nem deixamos a pequena exposta a telas." É claro que há uma habilidade acima da média nesse caso, mas se ela tivesse acesso às tecnologias não teria a troca com seus pais nem necessitaria investir na criatividade, pois nos desenhos e aplicativos já está tudo pronto, e é aí que mora o perigo. Portanto, invista nas brincadeiras corporais, de imitação, de atenção aos sons do ambiente e cantigas infantis. A brincadeira simbólica (faz de conta) é uma atividade linguística. Brincadeira e desenvolvimento caminham de mãos dadas. Para brincar, é necessário se comunicar e, para o desenvolvimento da comunicação, brincadeira e interação.

Tratamento no atraso do desenvolvimento da fala

Tanto o diagnóstico do atraso como o tratamento dependerão de avaliações especializadas, incluindo profissionais da área médica como pediatra ou neuropediatra, em conjunto com um fonoaudiólogo, psicólogo e otorrinolaringologista, caso seja necessário para adequação comportamental.

Os encaminhamentos são essenciais, como para o otorrinolaringologista, para examinar os órgãos fonoarticulatórios e respiratórios, e o fonoaudiólogo, para avaliar a acuidade auditiva. Em muitos casos, investigação clínica e exames complementares podem ser incluídos para o diagnóstico direto ou diferencial de cada situação ou hipótese encontrada. Quais são os caminhos (especialistas e exames)? Por que os pais devem estar atentos ao desenvolvimento da linguagem das crianças?

O atraso no desenvolvimento da fala e da linguagem pode ser o primeiro sinal que leva ao diagnóstico de doenças graves, com repercussões em outras esferas do desenvolvimento que naquele momento ainda não são perceptíveis, por isso não deve ser negligenciado.

Uma das condições mais comuns que dificultam o desenvolvimento infantil é o autismo ou transtorno do espectro autista, que afeta a comunicação e o contato com o meio e as pessoas que o cercam. Mesmo que não exista uma causa ou doença para explicar o atraso, a criança deve receber tratamento, pois a linguagem é uma ferramenta mediadora para a comunicação, o aprendizado e a adaptação ao meio em que o ser humano vive, havendo risco de comprometimento escolar e social, já que envolve algo essencial para a participação e inclusão.

Casos clínicos e caso pessoal, meu filho mais novo

Como relatei no início deste capítulo, recebi muitas famílias e vou deixar aqui alguns casos para exemplos.

Caso 1

Certa vez recebi um pai que trazia seu primeiro filho já com 3 anos e 2 meses porque não falava. A mãe trabalhava demais e o pai, que ficava com a criança, estudava para um concurso. Na avaliação, observou-se normalidade dos órgãos necessários para a fala, bem como exame auditivo. A criança se mostrou bem agitada e não emitiu nenhum som. Na primeira sessão, só fazia sons guturais, como rugido de leão. Pensei: terei dificuldades. Será autista?

A evolução da criança foi impressionante. Em um ou 2 meses, falava frases com algumas trocas de fonemas, porém apresentava certas estereotipias (movimentos repetitivos) e hiperatividade. Com a terapia diagnóstica e encaminhamentos, recebeu o diagnóstico de TDAH.

Caso 2

Um casal chega ao meu consultório com a filha, uma menina de 2 anos e 10 meses, encaminhada pelo pediatra porque falava apenas algumas palavrinhas. Pais bem participativos, mas relataram que ela tinha perdido habilidades. Tracei o planejamento terapêutico e iniciou-se a terapia fonoaudiológica. Achei que teria fácil evolução, mas não foi. A criança articulava muito bem, porém palavras fora de contexto ou que a interessassem muito, o contato visual era de modo rápido, chorava no momento que eu tentava sentá-la na cadeirinha e as sessões para aquisição de linguagem ou comunicação não estavam da maneira que eu esperava. Ela falava palavras, mas não se COMUNICAVA.

Nesse momento é importante encaminhar para a equipe multidisciplinar e foi o que fiz. A família recebeu o diagnóstico de autismo e iniciou tratamento baseado na ciência ABA, o que ajudou muito. Mudando o comportamento, diminuiu a dificuldade da família de ignorar coisas irrelevantes, mudar o foco para a interação e, assim, se comunicar funcionalmente.

Caso 3

Danilo, meu filho, um bebê calmo demais, se desenvolveu bem, a parte motora excelente, porém com um ano de idade falava algumas palavras raramente: água, Pocoyo (personagem infantil). Não me chamava, não olhava nos olhos e não atendia quando era chamado pelo nome, ficava rodando, não apontava. Esses comportamentos me preocuparam. Como ele ficava muito tempo com minha ajudante, matriculei-o em uma escolinha. Lá, contudo, ele ficava sempre distante das outras crianças e gostava de ficar com os adultos.

Começamos as pesquisas como oriento os familiares que recebo. Primeiro, o exame Bera para saber se escutava bem; iniciou terapia fonoaudiológica, música e psicomotricidade. Fomos ao neurologista quando ele tinha 1 ano e 8 meses, que disse que ele poderia ser antissocial. Com as estimulações, ele evoluiu, mas não tinha intenção comunicativa. Aos 4 anos, teve diagnóstico de TDAH. Aos 5, iniciou medicação que melhorou a atenção e, consequentemente, a organização frasal e de narrativa. Mas como todo medicamento, alguns pontos não foram positivos, como irritabilidade, falta de apetite e dificuldade para pegar no sono. Atualmente, com 13 anos, finalmente foi diagnosticado como dentro do espectro autista. Continua com o acompanhamento com psiquiatra, terapia psicológica, medicamento adequado e a fundamental parceria com a escola, que entende a demanda diferente desse aluno.

E foi assim que entendi realmente como é difícil controlar a ansiedade diante dessa incerteza e comecei a aplicar a cada família que traz a sua criança aos meus cuidados, além do saber técnico, o saber da empatia para dar todo o apoio necessário com amorosidade, atenção e cuidado para, juntos, conseguirmos atingir alvos do desenvolvimento da comunicação.

Na clínica não chega mais uma patologia e um informante, mas sim uma criança, sua FAMÍLIA e toda a complexidade envolvida nessa palavra. Reflexões quanto a "o quê" e "como fazer" não podem estar somente atreladas à "cura da doença" por meio da instalação de um bem falar. É preciso enxergar além, a realidade, a rotina de cada lar e as reais expectativas de cada família.

É necessário que se faça uma investigação com entrevistas e vídeos da criança envolvida em diferentes atividades e ambientes, orientar a cada sessão e inserir os pais ou cuidadores dentro da sessão terapêutica. Digo que a terapia fonoaudiológica deve estar, sempre que possível, com as portas abertas.

Exige uma presença verdadeira: estar disponível para a reflexão, sendo resiliente em todas as possíveis variações ao longo do processo. Isso está longe de ser uma atuação reconhecidamente técnica, delimitada espacial e temporalmente. Definitivamente não é apenas a presença do paciente que faz o terapeuta exercer o seu real papel. A reflexão ultrapassa o horário e as paredes da sala de terapia.

O paciente é uma bússola (MELLO, 1979) que norteia a história terapêutica. A família dessa criança, que faz parte desse universo singular que ele próprio apresenta, é também, de certa forma, um item organizador dessa história. Ela sinalizará de várias maneiras suas próprias necessidades e eu, como fonoaudióloga, aprendi a ouvir, ser sensível a esses sinais, nem sempre claros e precisos. Por essa razão, vale ressaltar a importância da investigação para que a história da criança seja moldada com sucesso. Para tal, sirvo de "lanterna nesse labirinto da linguagem", guiando e orientando.

Finalizo este capítulo reforçando a ideia de que os primeiros anos são fundamentais para o desenvolvimento neuronal e de linguagem, predeterminados pelo que acontece na relação com seus pais. É preciso enfrentar a condição do seu filho e procurar ajuda o mais breve possível; não se deve esperar o tal "tempo de cada um", o bom terapeuta saberá se é hora de intervir ou não.

Nesse labirinto da comunicação humana, algumas famílias chegam à saída rapidamente, outras não a encontram. O caminho pode ser doloroso e árduo em determinados trechos, mas eu afirmo: a saída está lá, independentemente da forma de comunicar; pode ser por comportamento aprendido, programas de computador, comunicação alternativa (PECS), gestos, linguagem escrita e comunicação oral (fala).

Na minha jornada profissional, a fonoaudiologia me proporcionou muitas alegrias e emoção, cada mensagem de carinho que recebo garante a vontade de me empenhar mais e mais.

Fazer parte do desenvolvimento e das descobertas de uma criança é muito gratificante, me sinto especial e honrada por cada família que confia seu filho a mim.

Referências

DAMÁSIO, A.; DAMÁSIO, H. O cérebro e a linguagem. *Revista viver mente & cérebro scientific america*, São Paulo, n. 143, 2004.

MILLAN, B. *A clínica fonoaudiológica: análise de um universo clínico.* São Paulo: Educ, 1993.

3

PAIS SUFICIENTEMENTE BONS

Neste capítulo, abordaremos a extensão do conceito de "mãe suficientemente boa", desenvolvido por Donald Winnicott, para "pais suficientemente bons", mais adequado à contemporaneidade, e como se diferenciam dos pais que buscam a perfeição que, em alguns casos, camuflam o que chamamos de "pais narcisistas".

ANA BEATRIZ BRAZ DE A. B. DE MIRANDA

Ana Beatriz Braz de A. B. de Miranda

Contatos
anabeatrizbraz@yahoo.com.br
instagram: @anabbraz

Psicanalista associada pela Formação Freudiana/RJ, com atendimento a crianças, adolescentes e adultos em consultório particular. Mestre em Saúde da Criança e da Mulher pelo Instituto Fernandes Figueira – FIOCRUZ (2002). Pesquisadora na área de violência doméstica contra crianças e adolescentes pelo Centro Latino-americano de Estudos de Violência e Saúde Jorge Carelli (CLAVES) – FIOCRUZ. Advogada graduada pela Universidade do Estado do Rio de Janeiro/UERJ (1997).

Ser suficientemente bom/boa significa que a atitude de bondade de uma pessoa visa ao bem-estar do outro sem, no entanto, ter como objetivo a perfeição.

Derivo essa afirmação de um conceito do famoso psicanalista e pediatra inglês, Donald Winnicott, expresso em quase toda sua obra. Winnicott traçou algumas linhas, em cada livro, sobre a função do pai e da paternidade, mas de maneira dispersa, sem sistematização, com ênfase na triangulação e no complexo de Édipo (OUTEIRAL, 1997).

O que assistimos hoje, como refletido em vários autores (OUTEIRAL; AMIRALIAN; FERREIRA) é uma atualização no campo psicanalítico. Os cuidados com os filhos se ajustaram aos novos tempos, em que a presença feminina se firmou fora do lar, no campo do trabalho. A divisão de tarefas na casa foi se impondo gradualmente. No início da entrada da mulher no mercado de trabalho, ela se sobrecarregou. Ao homem, cabia apenas trabalhar; ao chegar em casa, queria tudo a seu modo: roupa lavada e passada, casa arrumada, jantar pronto e, ao deitar, uma mulher disposta a satisfazer seus desejos. À mulher recaía, além do trabalho, os cuidados com os filhos, a casa e a satisfação do homem.

Hoje vemos, com frequência, pais em parquinhos, empurrando carrinho de bebê, trocando fraldas, brincando com os filhos. De qualquer modo, me parece que o conceito de "mãe suficientemente boa" deva ser substituído por "pais suficientemente bons". Ignorar o papel do pai junto ao filho, educando-o, repassando valores, com sua presença constante e os cuidados dirigidos, já não é algo a ser deixado de lado.

Nesse sentido faz-se necessário um ajustamento desse conceito na contemporaneidade.

A *mãe suficientemente boa*, em síntese, diz respeito aos cuidados que as mães dedicam aos filhos. Para Winnicott, a maternidade, em consonância com as ideias de Elisabeth Badinter (BADINTER, 1985), não é algo instintual, isto é, o amor e os cuidados com o filho não fazem parte da natureza feminina. Ele se contrapunha às idealizações, aos ensinamentos e à propaganda construídos socialmente (WINNICOTT, 1993).

A obra de Winnicott é dedicada às relações do indivíduo com o meio em que vive, quer dizer, "quando pensamos num instinto maternal nossa teoria se confunde e terminamos por perdermo-nos numa desordenada mistura de seres humanos e animais" (WINNICOTT, 2011).

Esse pensamento foi um passo importante para a mulher por amenizar a carga de culpa que a oprime e, infelizmente ainda persiste, em alguns casos.

Pais suficientemente bons

Tem papel fundamental, hoje se sabe, para o bom desenvolvimento emocional da criança. Eles exercem outro tipo de identificação, outro modo de ser e estar no mundo. Destacamos, a seguir, algumas atitudes do pai que ajudam de forma importante a mãe, permitindo que esta exerça melhor seu papel.

• A licença paternidade deve avançar para no mínimo dois meses, os mais delicados para a adaptação da mãe/pai ao filho. O pai pode auxiliar ou apoiar as condutas maternas;
• O pai pode colocar para arrotar e ninar, permitindo à mãe um pouco de descanso em noites maldormidas;
• O apoio à mãe em momentos de insegurança pode amenizar o sentimento de inadequação.

Algumas questões são pertinentes tanto ao pai quanto à mãe. São elas:

• Ser bons o suficiente não significa que a bondade seja instintiva ou que contenha apenas bons sentimentos. Ao contrário, tudo está em construção. Ao lado da intuição dos pais, deve haver um olhar atento às demandas do bebê, sabendo que faz parte ter sentimentos ambivalentes dirigidos à criança. Essa ambivalência se refere ao sentimento de raiva por aquele ser que não para de chorar, que não permite mais um banho tranquilo, que afasta os pais da rotina anterior, não dando espaço, por exemplo, para ver um filme, um programa. Negar a existência de agressividade é não compreender que todo esse trabalho de construção de uma relação entre seres desconhecidos até então faz parte do humano. O importante é separar o sentir do agir. O fato de se ter pensamentos ou sentimentos agressivos não é permissão para o abuso sob qualquer forma. Criar um filho exige sacrifícios, renúncia, adiamento de planos;
• Os pais sabem que falham, por total impossibilidade de acertarem tudo, duvidam de si mesmos como capazes de acolher, entender e educar um filho. Quando algo não vai bem, devem sentir a sua responsabilidade e a

necessidade de mudarem suas condutas. É assumindo o erro e reparando, o tempo todo, que faz com que os pais sejam suficientemente bons.

"É a possibilidade de amar a partir de uma pessoa que se preocupa com o bem-estar do bebê" (WINNICOTT, 2006).

Tudo isso que discorremos não parte, como citado, de uma suposta bondade inerente aos pais, mas na possibilidade do pai/mãe identificar-se com este bebê sem deixar de ser o que são.

A identificação com o outro se assemelha à empatia. No dicionário, identificar significa fazer com que fique igual; tornar-se semelhante; igualar-se[...] (DICIO, 2022).

A identificação seria para o autor citado uma capacidade evolutiva do ser humano sob o ponto de vista emocional. É colocar-se no lugar do outro, saindo de si sem se perder.

Não se deve confundir com fusão, isto é, os pais precisam ter um pé no mundo do bebê e outro no seu próprio. Não é algo instintual, mas tem aspectos inconscientes.

A primeira questão a ser colocada nesse momento, por sua importância, refere-se a não identificação com o bebê. Vários fatores concorrem para isso, entre eles o desejo por um determinado filho com determinadas características, o bebê da cabeça (9) ou da imaginação (LEBOVICI, 1987). Como identificar-se com alguém tão diferente do almejado?

Em sequência, segue a capacidade dos pais de conseguir se compadecer, entender que aquele bebê/filho é um ser incompleto, nascido de determinada forma imposta pelo DNA e que necessita ser respeitado em sua diferença, pelos pais. Respeito neste caso é aceitação do outro, é identificar-se e, consequentemente, se compadecer, cuidar para que tudo saia bem. Para Winnicott, a identificação é o fundamento da maternidade e, para mim, o é também da paternidade.

A dificuldade de se identificar deve ser ressaltada. Nasce um ser desconhecido, muitas vezes, diferente de um bebê sonhado, que não fala, apenas emite sinais a serem decifrados e/ou compreendidos. Para que isso seja alcançado é preciso, segundo o autor, nesse início conturbado alguém que se dedique integralmente a ele, mesmo que não seja o tempo todo. Aqui se coloca a importância dos cuidados dos homens dirigidos ao filho e à mãe. Participando, desde a gestação, durante a amamentação, banho, troca de fraldas, conversar, brincar, fazer dormir, não só alivia o cansaço e a tensão materna em dar conta sozinha, como propicia a concretização do processo de identificação. Para

Winnicott, esse processo é facilitado na mãe por se encontrar num estado emocional de extremada sensibilidade, denominado por ele de preocupação materna primária. Essa preocupação lança a mulher numa condição de vulnerabilidade o que conduz à maior insegurança levando a um desamparo equivalente ao do bebê (WINNICOTT, 2006).

Avós dispostas a dividir o fardo materno foram rareando no momento que a vida das mulheres da geração passada modificou-se. Elas estudaram e trabalharam ou trabalham, são independentes, vivem mais e têm outros objetivos. No entanto essa ausência fez emergir um homem diferente, um pai. De provedor para cuidador, até porque, em muitos casos, a mulher também é provedora e, em alguns, tem uma renda superior ao do homem. Esse processo de mudança social implicou uma revolução silenciosa. Tornar-se presente na vida da família, junto aos filhos, passou a se tornar natural. E assim tiveram que aprender a serem pais suficientes bons, sem o auxílio de gerações passadas. Todas as alterações foram sendo, paulatinamente, dirigidas pelas mulheres. Para isso, tiveram que abdicar do trono de rainha do lar e ser uma mãe suficientemente boa dos novos tempos, compartilhando os cuidados com os homens/pais.

Mesmo que a mãe não trabalhe ou esteja de licença, ela precisa de ajuda, acolhimento e cuidados. Finalmente, a mulher acordou do pesadelo em que a sociedade a colocou, de segurar tudo sozinha. Ela passou a exigir a presença e os cuidados dos homens. Eles responderam, inicialmente ajudando, mas devagar foram ampliando seu escopo de ação, assumindo finalmente a paternidade. Essa mudança só traz benefícios para todos. A mãe não se sente tão desamparada e pode, com o pai, serem os pais suficientemente bons que a criança necessita.

Pais bons são melhores do que pais perfeitos. Pais que atendem a todos os desejos e necessidades dos filhos muitas vezes lhes deixam pouco espaço para o desenvolvimento de uma independência crescente e para as próprias experiências. Pais menos perfeitos permitem que seus filhos enfrentem pequenas dificuldades e decepções. Ser pais suficientemente bons significa que deixamos espaço para os pequenos erros e limitações de serem pais e seres humanos.

No entanto, deve-se ficar atento ao fato de que em alguns casos os pais, que buscam a máxima perfeição, são pais narcisistas, que desejam que o desempenho de seus filhos reflita sobre eles. As razões para isso são complexas. Os pais podem estar tentando compensar o que acreditam ser suas próprias deficiências. Eles podem confiar no sucesso de seus filhos para se fortalecerem. Ao fazer isso, eles estão deixando de ver seu filho como um indivíduo único e autônomo. Eles se recusam a reconhecer que seu filho está separado deles, com seus próprios pensamentos, sentimentos e desejos. Um pai narcisista tende a se concentrar ou quase alimentar as realizações de seus filhos. Eles costumam fazer isso porque algo está faltando dentro deles. Eles podem tentar usar seus filhos para preencher um vazio que sentem dentro de si mesmos. Pais com vida plena, nos quais têm muitos interesses, relacionamentos íntimos e paixões muitas vezes oferecem mais aos filhos do que aqueles que abrem mão de tudo para ficar com eles.

Embora façam isso em nome do amor, eles não percebem que sua concepção de amor é realmente distorcida. Pessoas frequentemente confundem amor com fome emocional. Os pais que acham que estão dando amor aos filhos, dando-lhes atenção constante, não conseguem ver o quanto estão puxando ou esgotando a criança. Se um pai sente que seu filho está preenchendo uma parte dele, por exemplo, que ele é sua única fonte de alegria, pode ser mais um aviso de que está sentindo fome emocional por seu filho.

Submeter a criança às exigências do mundo, fazendo com que ela se depare com as falhas e frustações, é o que parece estar em falta na sociedade atual. Cada vez mais as crianças são capturadas pelo narcisismo dos próprios pais que buscam tornar a criança, em última instância, um objeto para sua própria satisfação (BEMGOCHEA, 2017).

Referências

AMIRALIAN, M. L. T. M. *O pai nos dias de hoje e as consequências para o desenvolvimento.* Disponível em: <http://revistas.dwwe.com.br/index.php/We-Prints/article/download/38/23>. Acesso em: 14 fev. de 2022.

BADINTER, E. *Um amor conquistado: o mito do amor materno.* Rio de Janeiro: Nova Fronteira, 1985.

BEMGOCHEA JUNIOR, D. P.; MEDEIROS, M. P. Meu filho não merece sofrer: o narcisismo parental na contemporaneidade. Leitura Flutuante. *Revista do Centro de Estudos em Semiótica e Psicanálise.* Issn 2175-7291, v. 9 n. 1 (2017).

FERREIRA, M. C; VAISBERG, A. *O pai suficientemente bom: algumas considerações sobre o cuidado na psicanálise winnicottiana.* Disponível em: <https://www.metodista.br/revistas/revistas-metodista/index.php/MUD/article/download/644/644>. Acesso em: 14 fev. de 2022.

IDENTIFICAR. in: Dicio, Dicionário Online de Português, 2022. Disponível em: <https://www.dicio.com.br/identificar/>. Acesso em: 14 fev. de 2022.

LEBOVICI, S. *O bebê, a mãe e o psicanalista.* Porto Alegre: Artes Médicas, 1987.

OUTEIRAL, J. Sobre a concepção de pai na obra de D. W. Winnicott. In Outeiral, J. & Abadi, S. (Orgs). *Donald Winnicott na América Latina: teoria e clínica psicanalítica* (pp.203-211). Rio de Janeiro: Revinter. 1997.

SOULÉ, M. O filho da cabeça, o filho imaginário. In: BRAZELTON, T. B. *et al. A dinâmica do bebê.* Porto Alegre: Artes Médicas; 1987. pp. 133-170.

WINNICOTT, D.W. *A família e o desenvolvimento individual.* São Paulo: Martins Fontes, 2011, pp. 22-23.

WINNICOTT, D.W. *Da pediatria à psicanálise.* Obras escolhidas. Rio de Janeiro: Imago, 2000.

WINNICOTT, D.W. *Os bebês e suas mães.* São Paulo: Martins Fontes, 2006, p. 87.

WINNICOTT, D.W. *Talking to parents.* Cambridge, Massachusetts: Perseus Publishing 1993, p. XIV.

4

A ARTE DE AMAR E DE CUIDAR

Neste capítulo convidamos pais, educadores e demais responsáveis pela criança para, juntos, visitarmos o mundo da primeira infância (0 a 6 anos). Consideramos de grande importância nos mantermos próximos à criança desde a mais tenra idade, por compreendermos existir uma relação direta entre as vivências do mundo infantil junto àqueles que dela cuidam e os desdobramentos dessa relação, os quais repercutirão ao longo de toda a sua vida.

BENEDITA CLEUSA CICILINI

Benedita Cleusa Cicilini

Contatos
benedita.cicilini@gmail.com
Instagram: @beneditacicilini

Psicanalista em formação (Formação Freudiana-RJ); graduada em Psicologia pela Universidade Estácio de Sá (2005); atendimento em consultório particular desde 2006; pós-graduada em Teoria e Clínica Psicanalítica pela Universidade Estácio de Sá (2007); especialização em Psicanálise e Saúde Mental (UERJ-2012).

Podemos reconhecer pela história as transformações nucleares sofridas pela família ocidental numa relação direta com os movimentos e as flutuações culturais, sociais, históricas e econômicas de cada época. Os efeitos dessas mudanças, ao longo das gerações, afetam a dinâmica familiar, interferindo na construção do vínculo afetivo com a criança, em suas diferentes formas de pensar e estar no mundo.

Diante dessas transformações, fomos instigados a identificar a posição da criança, em tempos idos e atuais. Pretendemos, então, percorrer brevemente a fase da primeira infância, compreendida desde o nascimento até os seis anos de idade e, em especial, ressaltar a importância da qualidade no investimento afetivo entre a criança e seus cuidadores.

Entre os séculos XVI e XVIII, a família pré-moderna era constituída por diferentes gerações que compartilhavam o mesmo ambiente (bisavós, avós, pais e filhos). Nessa época, a criança era concebida como um "adulto pequeno" que cresceria; as noções da vida infantil não faziam parte da sua criação.

Na passagem do século XIX para o XX, encontramos a família nuclear, mais restrita, composta por pai, mãe e filhos. E de acordo com a nova organização das relações sociopolíticas, a criança passa a ocupar um lugar de excelência, tendo por parte do Estado e da família a promessa de "futuro da nação". Uma nova ordem a coloca num lugar de referência na sociedade e, assim, é alçada à condição de soberania: "Sua Majestade, o Bebê". O conceito de infância, até então inexistente, passa a vigorar a partir desse período quando ela é diferenciada do adulto e reconhecida em seu próprio universo. É conferido à mãe um lugar de primazia na vida da criança, a curadora de seus interesses. E também surgem novas especialidades na medicina (ginecologia, obstetrícia e pediatria) e na educação (pedagogia e psicologia), que visam preservar e qualificar sua sobrevivência.

Nesse contexto, é importante destacar Sigmund Freud, médico vienense, criador da psicanálise, que se dedicou a conhecer íntima e profundamente a vida psíquica do ser humano. Apesar de não ter uma clínica específica direcionada às crianças, ele se deparou com as reminiscências da vida infantil, ao escutar de adultos a permanência de conteúdos que ainda restavam dessa fase.

Nas décadas seguintes, uma nova dinâmica se estabelece no ambiente familiar, vigente até os dias de hoje: a família contemporânea, que se caracteriza pelo posicionamento da mulher em adquirir nova identidade para além da maternagem e da gerência do lar. Com o advento do anticonceptivo, ela separa o mundo do desejo do mundo reprodutivo e adquire autonomia para decidir quando e se quer ter filhos, uma vez que o casamento já não é mais indissolúvel. A família passa por uma remodelagem, com novas configurações e fundando novos laços.

A família e a construção do vínculo

Por ocasião do nascimento de um bebê, o mundo ao qual pertencerá não lhe oferecerá nenhuma escolha sobre as diferentes condições genéticas ou hereditárias. No momento da passagem do corpo da mãe ao mundo exterior, é possível identificar uma diversidade de situações em relação direta que envolvem não apenas aspectos fisiológicos, mas também aspectos afetivos, singulares, que determinam o âmago de cada núcleo familiar.

O bebê, em sua chegada, é marcado por uma condição de extrema dependência em relação aos cuidados de um outro que garanta a sua sobrevivência, peculiar da condição humana. Esse outro, geralmente a mãe, passa então a ocupar na vida dele um lugar primordial. E, de acordo com a qualidade dos afetos envolvidos nesta experiência, será possível para o bebê vencer seu desamparo original.

É importante ressaltar que neste período de estágio da vida da criança se inicia a construção do vínculo de amor entre ela e seu cuidador. A partir de então, podemos considerar o surgimento de um dos efeitos fundamentais na vida psíquica infantil: a formação de laços de confiança que oferecem à criança uma base de segurança que a acompanhará por toda a sua vida.

De acordo com o seu desenvolvimento, a criança começa a experimentar novas trocas em uma constante interação entre o meio familiar e o meio social, e responde mais frequentemente às trocas afetivas do que às regras impostas. Nesse contexto, podemos identificar a injunção entre família e sociedade.

O percurso teórico, ao longo de toda a obra de Freud, nos conduziu a questões que apontam haver no mundo interior dos pais uma constante projeção para o mundo da criança. A partir do nascimento dos filhos, os pais, invariavelmente, estarão em contato com a memória da criança que foram um dia. Podemos então pensar no aspecto inter-relacional que abrange o mundo infantil da criança do pai, da criança da mãe e da criança que eles geraram. Nesse momento, uma questão se apresenta: serão os pais capazes de reconhecer a singularidade de seus filhos, assegurando-os serem sujeitos de seu próprio desejo?

Como propõe a coletânea *Pais (não) nascem prontos,* nasce um pai e nasce uma mãe a partir do nascimento de um bebê. E, ao propormos a possibilidade dos pais reconhecerem seus filhos numa relação direta com seus próprios desejos, estamos problematizando o lugar que eles ocupam na estruturação do "eu" da criança.

Olhar cuidadoso diante do trauma

A realidade histórica da relação entre pais e filhos nos convoca a inúmeras reflexões. Nos reportamos ao psicanalista húngaro Sándor Ferenczi, que certa vez escutou de um dos seus pacientes a seguinte questão: "(...) mas por que foi, então, que me trouxeram ao mundo, se não estavam dispostos a colher-me carinhosamente?"(1929/50). A experiência desse paciente nos afeta e assim, forçosamente, somos conduzidos a pensar sobre a idealização do amor entre pais e filhos.

Frequentemente, nos deparamos com denúncias e notícias midiáticas de crueldade e negligência com a criança. Assim, se por um lado, ela pode encontrar em seu ambiente de convívio acolhimento, segurança, proteção, assistência e prevenção; por outro, pode também transitar entre sentimentos contraditórios de amor e ódio. Não raro, ela se encontra envolta em situações de rudeza, falta de amor e regras rígidas, num psiquismo ainda imaturo e influenciável. E mesmo dentro da própria família, sua posição pode ser de vulnerabilidade, de submissão e de condições de abuso (não restrito ao sexual), ou seja, em situações potencialmente traumáticas.

A criança, vítima de situações abusivas não consegue entender ou encontrar palavras para traduzir ou representar tal experiência, o que lhe gera sentimentos confusos e ambivalentes, que reforçam o seu estado psíquico de desamparo. Nessa experiência de dor e de abandono a criança busca por amparo e acolhimento, geralmente da mãe ou de um cuidador próximo de confiança. Por isso, considaramos imprescindível que, diante de qualquer evidência ou suspeita de abuso da criança, seja no seu ambiente familiar, escolar ou qualquer outro de seu convívio, ela possa ser acolhida amorosamente.

Ferenczi (1992) enfatiza que o lugar da família ou de um cuidador é de atender às necessidades básicas da criança e se vale de uma expressão húngara "katonadolog" (a sorte do soldado) que demonstra a exigência que recai sobre a criança, um grau de heroísmo que ela ainda não é capaz, quando diante de uma experiência traumática. Nessa circunstância, o psiquismo infantil para se defender assume uma dimensão destrutiva ou mesmo mortífera, frente ao silêncio sepulcral dos adultos.

Encontramos também em Donald Woods Winnicott, pediatra e psicanalista inglês que, crianças tratadas com rigor, privação e opressão, ficam comprometidas em sua subjetividade, tornando-se adultos inseguros e sem potência diante de situações da vida que lhes suscitam posições.

Podemos inferir acerca do dinamismo psíquico que o infantil permanece na vida adulta, o que nos instiga a persistir nesse trilhar. Na prática clínica é possível reconhecer a presença da criança como uma memória viva dos seus tempos de outrora. Durante a infância, ela passa por diversas situações e experimenta afetos distintos, tais como: medo, insegurança, raiva, inibição, entre outros. Na medida em que essas vivências ultrapassam sua capacidade de simbolizá-las, os destinos desses afetos permanecerão silenciados em seu mundo interior. O trabalho de uma análise os levará ao encontro do mundo dessa criança, criando condições para que ela possa enfim, falar, e não mais existir, de forma emudecida. Esse movimento tem como desdobramento a potencialização de sua força de criação.

Por isso, ratificamos a importância de prestarmos atenção ao universo das crianças, pois, embora o tempo cronológico da infância passe, o infantil permanece. Como pontua Ferenczi em seu ensaio: "raspem o adulto e vocês encontrarão a criança" (FERENCZI, 1992, p. 98).

Destarte, partindo da premissa proposta deste breve escrito, podemos concluir que o lugar que a criança ocupa quando da sua chegada ao mundo sofrerá influências do meio social e da família na qual está inserida. De fato, numa perspectiva socioantropológica sobre a infância, é possível reconhecer a criança como uma categoria discursiva e qualquer reflexão sobre esse universo perpassa pelo diálogo entre a história, a sociedade e a cultura. E dessa inter- -relação entre a família e a cultura se configurará uma herança que marcará e definirá efetivamente sua constituição subjetiva na forma da criança perceber e estar no mundo.

Ao adotarmos a concepção freudiana de que a transmissão entre a família e a criança ocorre em um processo dinâmico, assumimos, a importância das diferentes formas de linguagem que participam na formação dos laços com a criança. Diante desse contexto teórico, formulamos uma questão acerca de um conceito muito "caro" à psicanálise: a "repetição". Somos capazes de "criar" uma vida, numa relação direta com os nossos desejos ou tão somente repetimos padrões, que nos foram legados geracionalmente? Uma canção nos vem à memória:

> *Minha dor é perceber que, apesar de termos feito tudo o que fizemos,*
> *ainda somos os mesmos e vivemos como nossos pais.*
> BELCHIOR, Como Nossos Pais, 1976.

Os estudos psicanalíticos têm muito a contribuir para deslindar essa reflexão.

Referências

FERENCZI, S. A criança mal acolhida e sua pulsão de morte. In: *Obras completas*, vol. IV. São Paulo: Martins Fontes, 1992.

FERENCZI, S. Adaptação da família à criança. In: *Obras Completas*, Vol. IV. São Paulo: Martins Fontes, 1992.

FERENCZI, S. Análise de crianças com adultos. In: *Obras Completas*, Vol. IV. São Paulo:

FERENCZI, S. Reflexões sobre o trauma – Artigos Póstumos, Capítulo X. In: *Obras completas*, Vol. IV. São Paulo: Martins Fontes, 1992.

FREUD, S. Sobre O Narcisismo: uma Introdução. In: *ESB* (vol. XIV), 1996.

WINNICOTT, D.W. *Tudo começa em casa*. São Paulo: Martins Fontes, 1999.

5

PAIS MEDIADORES DE LEITURA
A IMPORTÂNCIA DA LITERATURA NA FORMAÇÃO DA CRIANÇA

Com um tom informal que se assemelha a um bate-papo, este capítulo é um convite aos pais para serem mediadores de leitura. Você verá benefícios que as obras literárias trazem para os pequenos, o que ler para eles e alguns relatos de experiências que podem ajudá-lo a perceber que esse papel pode ser bem mais fácil do que imagina. Já se deu conta de que você é um potencial contador de histórias?

CACAU VILARDO

Cacau Vilardo

Contatos
cacau.vilardo@gmail.com
Instagram: @cacauvilardo
Facebook: cacauvilardo
YouTube: cacauvilardo

Nascida no Rio de Janeiro/RJ, mas vivendo em São Paulo/SP, além de atriz, é formada em Direito pela Faculdade Candido Mendes e em Letras, pela PUC-RIO. É autora de *Era uma vez...*, selecionado para o projeto "Minha Primeira Biblioteca" da Secretaria Municipal de Educação do Rio de Janeiro/RJ –, *Vôvó* e *Cabra-cega*. Colaborou com o roteiro do curta-metragem *A Má Notícia,* selecionado para o 16º Festival de Filmes de Tiradentes. Com o conto *A alcoviteira*, ganhou o 3º lugar na categoria Prosa do 3º Prêmio Paulo Britto de Prosa e Poesia em 2010. Hoje, além de escrever, ministra palestras e *workshops* para alunos, pais e professores, em que conta histórias com o propósito de incentivar o gosto pela leitura. A escritora acredita que a palavra tem poder e as histórias literárias são capazes de nos fazer alçar voos.

A o longo de alguns meses, fiquei me questionando sobre o que escrever neste texto. Quando recebi o convite da querida Monica Donetto para produzir um capítulo deste livro, pensei: escreverei um artigo? Artigo é uma palavra imponente, tem peso e tem opinião. Sou uma escritora de ficção e gosto de contar histórias inventadas. Até já realizei palestras que eu chamaria mais de bate-papos sobre literatura, criatividade... Mas um artigo? Eu nunca havia pensado em publicar um.

O saudoso autor Bartolomeu Campos de Queirós falou em uma entrevista para o programa Vereda Literária: "as pessoas que sabem as coisas fazem texto informativo e as pessoas que não sabem – e têm o conhecimento desse não saber – fazem texto poético". Eu inicio este "artigo" fazendo uma referência a essa colocação do autor como uma forma de me desculpar pelo meu não saber no sentido de que não sou detentora de um conhecimento específico. Também acho importante ressaltar o meu gosto pela informalidade. Sendo assim, este "artigo" terá um tom de desartigo.

Ufa! Depois dessa introdução, eu me sinto mais livre para escrever. Então, vamos lá: vou ressaltar alguns pontos para você perceber o porquê da importância de incentivar a leitura na infância; depois, vou relatar algumas experiências que podem ajudá-lo a ter um papel mais ativo para aguçar o interesse de seu pequeno pelos livros literários.

A literatura infantojuvenil tem uma função importante na formação da criança porque, além de um encontro com a língua que amplia o seu vocabulário, o livro literário estimula o pensar, permite que o seu leitor sinta o texto ao se envolver emocionalmente com a história, proporciona uma experiência social etc. Vou desenvolver isso um pouco mais.

A leitura exercita o cérebro e contribui para o desenvolvimento da cognição humana. O ato de ler gera conhecimento que constrói pensamento crítico sobre a realidade, condição indispensável para que se produza seus próprios pontos de vista. Uma pesquisa desenvolvida na Universidade de Cambridge, no departamento de psicologia, confirmou que a leitura literária, além de construir uma crítica sobre a realidade, possibilita a empatia nas crianças. O contato com personagens, lugares, histórias e culturas diferentes gera uma vivência que permite que a criança se coloque no lugar do outro e construa uma ideia de diversidade e, consequentemente, passe a ter valores mais humanos. Ao expor a criança aos livros literários, há uma introdução à vida e ela tem um aprendizado de como se ler o mundo.

Além de as obras literárias oferecerem à criança um desenvolvimento cognitivo, emocional e social, a literatura infantojuvenil permite aguçar o imaginário, a criatividade. Ler é alçar voo.

É claro que a escola tem um papel importante na formação do leitor. Mas e o estímulo em casa? Isso traz alguma diferença para a criança?

Quando a leitura é estimulada dentro do ambiente familiar, que é um ambiente informal, a criança compreende melhor o mundo e desenvolve um senso crítico mais cedo. É bom lembrar que os pequenos tendem a copiar os hábitos de seus pais, o que me faz recordar de uma charge cujo autor eu desconheço e que publiquei em meu Facebook. Na ilustração, tem um banco onde estão sentadas duas mães e seus respectivos filhos. Uma delas e seu pequeno estão cada um com um celular em mãos, enquanto a outra mãe e sua criança estão cada qual segurando um livro. A mãe com celular pergunta à outra: "Como você faz para seu filho gostar de ler?" Uma charge simples, mas potente quanto à ideia da importância de a criança ter o exemplo da leitura vindo dos pais.

Segundo dados da pesquisa de Relatos da Leitura no Brasil, de 2015 para 2019, houve uma queda no percentual de leitores, de 56% para 52%. E, pasme, as maiores quedas nesse percentual ocorreram entre pessoas de ensino superior e entre os mais ricos. Como estimular a leitura de quem precisa dar o exemplo?

Uma dica que dou para adultos que não têm o hábito de leitura é ler livros infantojuvenis. Há muitas narrativas concisas que transbordam em qualidade literária, além de levar a pessoa a revisitar a infância. Outra característica é que a ilustração da literatura infantil, que tem uma linguagem tão importante quanto o texto, é uma galeria de arte que proporciona contemplação, reflexão e silêncio. Há muitas opções de livros com diversidade de estilos que ampliam o olhar do leitor.

Uma experiência muito enriquecedora e prazerosa para um adulto e sua criança é ler obras literárias juntos. O hábito de leitura estimulado dentro do meio familiar aguça o elo entre os pais e os filhos, o que aumenta a possibilidade de eles se tornarem, no futuro, adultos mais seguros. Recentemente, ao perceber que minha filha adolescente não estava mais se interessando por literatura, resolvi ler com ela um livro juvenil, foi uma experiência aprazível para ambas.

Em 2015, visitei algumas escolas e universidades no Nordeste do Brasil. Uma das instituições me chamou a atenção já na entrada: o porteiro estava com um livro. Depois percebi que muitas crianças passavam o recreio lendo na biblioteca e fui informada de que alguns alunos até precisavam ser lembrados pela bibliotecária de comer seus lanches. O que estimulava essa atmosfera literária na escola era que esta promovia a literatura com programas de incentivo à leitura. Um projeto realizado com sucesso foi o dos pais e seus pequenos que foram juntos à livraria e escolheram um livro que depois foi lido em sala de aula pelo representante da família. O resultado foi que mais alunos daquela escola se envolveram com literatura.

Há quem tenha vergonha de ler uma história para alguém, mesmo que seja para a sua própria criança. Bom, para quem tem essa questão, trago outra experiência. Em um encontro com pais que realizei em uma escola, ouvi de uma mãe que ela tinha dificuldades de ler livros para seu filho porque não se achava uma boa narradora. Eu perguntei a ela se alguma vez já havia contado a alguém algo que aconteceu consigo ou até mesmo uma fofoca e tivesse sido bem-sucedida na sua narrativa. O sorriso em seus lábios foi a resposta afirmativa à minha pergunta. Então, eu a incentivei a escolher um livro infantojuvenil cuja história a interessasse. Disse a ela que o lesse sozinha, se divertisse com a leitura e só após isso chamasse seu filho para narrar aquela história como se estivesse contando uma fofoca. A dica funcionou. Recebi uma mensagem dela em que me relatou, emocionada, a experiência que o livro proporcionou a ela e a seu filho. A conclusão? Somos todos potenciais contadores de histórias.

Mas que história ler para uma criança?

Lembro-me de que, quando minha filha tinha um ano e meio, fiz essa pergunta a uma professora de Letras. A resposta foi que podemos ler tudo que está na literatura infantojuvenil. Mas tudo? Até os livros com textos maiores? Sim. Se você achar que é muito conteúdo para a criança e que ela se dispersará, leia o livro sozinho e depois faça um resumo para seu filho.

Foi assim que escolhi o livro *Quando eu era pequena*, de Adélia Prado, para ler para a minha filha com menos de dois anos de idade. O livro tem um formato grande e tem um total de 32 páginas com texto de um lado e ilustração do outro. Decidi não fazer resumo, saí contando a história para testar se ela acompanhava. A pequena, para minha surpresa, ficou bem concentrada e, no meio do livro, tomou-o de minhas mãos, olhou primeiro para a página com a imagem das palavras e depois para a ilustração. Voltou seu olhar para as letras com uma cara bastante intrigada e curiosa. Ela olhou para a página ilustrada e levou um tempo contemplando. Depois disso, voltou para as palavras e criou o resto da história do livro. Foi um momento único e inesquecível.

Segundo o psicólogo Bruno Bettelheim, em seu livro *A psicanálise dos contos de fadas*, nada é tão enriquecedor dentro da literatura infantojuvenil quanto o conto de fadas folclórico. O autor fala sobre a importância dessas narrativas para as crianças na descoberta da sua identidade. Essas histórias possuem sabedoria de vida e sugerem experiências que são importantes para a formação do caráter da criança. Os contos de fadas são matrizes para os pequenos se conhecerem e ampliarem seus pontos de vista. E quanto mais plural for o olhar da criança, mais apta ela estará para enfrentar a vida. Além desses contos clássicos, há livros de literatura infantojuvenil fantásticos. Vale a pena ir a livrarias, bibliotecas, feiras de livros com seus filhos e escolher obras literárias para vocês lerem juntos.

Algo que acho importante dizer é que não se deve simplificar nem evitar assuntos mais densos como a morte. Este tema dado como exemplo ajuda a criança a se relacionar com as perdas ao seu redor. Em 2016, visitei uma turma de 1º ano do Ensino Fundamental em uma escola do Rio de Janeiro. Eu tinha ido conversar com as crianças sobre meu livro *Era uma vez...*, que havia sido adotado pelo colégio. Naquele dia, falei muito de outro livro meu, *Vovó,* e sobre um tema inserido nele, a morte. Foi uma conversa muito gostosa em que as crianças participaram bastante e eu me lembro de um menino com quem interagi algumas vezes ao longo daquele bate-papo. Ao final, a professora veio falar comigo. Aquele pequeno tinha perdido o pai em um acidente aéreo na semana anterior e era seu primeiro dia na escola depois da tragédia. Eu gelei. A professora me disse que não tirou os olhos dele durante toda a minha fala e não me interrompeu porque havia percebido o quanto ele estava envolvido e à vontade com o que eu falava. Uma semana depois, reencontrei a professora e ela me falou que, depois do nosso encontro, o menino disse que o dia em que estive na sua turma foi o seu dia mais feliz na escola.

O livro *Fico à espera*, de David Cali, narra a história com frases curtas e ilustrações minimalistas de um homem desde a sua infância até a velhice. Um fio vermelho conduz o leitor página a página nessa nostálgica história. Já quase no final, há uma cena em que a mulher do homem adoece. Primeiro ele fica à espera de que ela melhore; depois, na página seguinte, ele fica à espera de que ela não sofra mais e o fio vermelho aparece partido. Quando viramos a página, há a imagem de um carro fúnebre e o silêncio das palavras. É simples e potente. Quando minha irmã mais velha faleceu, o telefone lá de casa tocou bem cedo. Eu já sabia o que ia ouvir. A minha filha, com seus quatro anos de idade, estava ao meu lado. Ela me observou, ouviu a minha curta conversa e, quando desliguei o telefone, foi ao meu escritório, pegou o *Fica à espera...* e me pediu que o lesse para ela. A leitura fluiu até a página do fio vermelho partido. Houve um silêncio até que surgiu um pequeno diálogo:

— Mamãe, por que o fio está cortado aqui?

— Porque a mulher desse moço estava muito doente e virou estrelinha.

— Mamãe, ela morreu?

— Morreu.

Minha filha se levantou e foi ao seu quarto enquanto eu fiquei olhando para o fio vermelho rompido. Fechei o livro. E a pequena voltou segurando em suas mãos uma fantasia da fada Sininho que a minha irmã havia dado a ela e me pediu que a ajudasse a se vestir de fadinha. Depois, dançou, foi até a varanda, olhou para o céu e mandou um beijo.

A arte é fundamental para a expressão humana. E literatura é arte, aliás, literatura é vida! A criança que está sendo exposta aos livros literários está sendo introduzida à vida. Com a leitura, um diálogo se estabelece entre o livro e o leitor, proporcionando abertura de portas para um novo mundo. E quanto mais a criança experimentar leituras diferentes, diversificar, ampliar o seu repertório literário, mais ela entenderá o mundo diferente que a cerca. Segundo Antonio Candido, "Os livros nos humanizam à medida que apresentam os mais variados mundos e nos fazem interagir com eles".

A escritora Marina Colasanti, em sua crônica "Tentativas de Fahrenheit", ressalta a importância de o adulto ter um olhar plural para que entenda os processos poéticos da literatura e não caia no pente da censura: "[...] os que olham com óculos plurais sabem que quanto mais pontos de vista forem fornecidos à criança, mais aptas elas estarão para enfrentar a vida". Na mesma crônica, a escritora também diz: "Guardo uma antiga camiseta do projeto Prazer de ler. Na estampa, um homem lê um livro sob um céu coalhado de estrelas. Assim é a literatura, cada livro uma estrela com sua própria magnitude cintilante para clarear a escuridão".

Já devo estar perto dos treze mil caracteres com espaços, limite da escrita deste desartigo e, apesar da minha vontade de continuar, eu preciso parar de escrever. Então, vou finalizar com uma citação de Antonio Candido, que li no *Coletivo Leitor*:

> [...] assim como não é possível haver equilíbrio psíquico sem o sonho durante o sono, talvez não haja equilíbrio social sem a literatura. Desse modo, ela é fator indispensável de humanização e, sendo assim, confirma o homem na sua humanidade, inclusive porque atua em grande parte no subconsciente e no inconsciente.

6

PRÉ-ADOLESCÊNCIA

O ADOLESCER E O CONFLITO DE SER OU NÃO SER MAIS CRIANÇA

Abordaremos, neste capítulo, como lidar com o processo de adolescer e as transformações que ocorrem durante esse período, destacando-se o processo da puberdade, as mudanças comportamentais e os três lutos: pelo corpo infantil, pela perda dos pais da infância e pela perda da identidade e do papel infantil.

CHRISTIANE GOMES DE SOUZA SANT'ANNA

Christiane Gomes de Souza Sant'Anna

Contatos
dra.christianegomes@gmail.com
Instagram: @dra.christiane.santanna
21 3281 5367 / 21 3444 5802
WhatsApp: 21 96559 3914

CRMRJ 69799-0/RQE 33466. Médica formada pela Universidade do Estado do Rio de Janeiro–UERJ (1995-2000). Residência médica em Ginecologia e Obstetrícia reconhecida pelo MEC/CNRM – Maternidade Municipal Leila Diniz e Hospital Federal Cardoso Fontes (2001-2003). Atua na área de ginecologia adulto e infantopuberal, pré-natal de alto e baixo risco, ultrassonografias e cirurgias obstétricas e ginecológicas.

Como tudo está tão estranho hoje! E ontem as coisas estavam tão normais! O que será que mudou à noite? Deixe-me ver: eu era a mesma quando acordei de manhã? Tenho a impressão de ter me sentido um pouco diferente. Mas se eu não sou a mesma, a próxima questão é: "Quem sou eu?" Ah! Esta é a grande confusão!
(LEWIS CARROL, 1865)

A gravidez talvez seja um dos eventos que mais mudam a vida de uma mulher e de toda a sua família. Quando nasce um bebê, nasce uma família, nasce o instinto de proteção, nasce um carinho infinito e, com esse turbilhão de emoções, nascem também as inseguranças quanto a como agir com aquele bebê que, com certeza, não vem com manual. Definitivamente, os pais (ao longo deste texto englobarei na figura de pais qualquer responsável legal) não nascem prontos nem sabendo de tudo. A maioria de nossas futuras ações e atitudes de que temos como sendo o certo a fazer nos foram passadas por nossos pais e/ou parentes/amigos próximos. Normalmente, tendemos a repetir ou repelir comportamentos aprendidos com nossos pais e/ou educadores.

A expectativa idealizada da maternidade/paternidade, na maioria das vezes, não corresponde à realidade. Não pule as fases. Por mais dolorosas e desgastantes que elas sejam, são necessárias tanto para o seu crescimento como pai/mãe como para o desenvolvimento do seu filho. Lembre-se: não existem pais perfeitos. Existem pais que querem o melhor para os seus filhos, mesmo sabendo como é difícil o papel de educar. Passamos por um verdadeiro processo de construção e reconstrução de nós mesmos. Não delegue essa sua função, pois essa atitude influenciará diretamente na construção da identidade do seu filho. Tentem ser os melhores pais que o seu filho poderia ter.

Eu me deterei neste capítulo ao período de pré-adolescência, sinalizado por muitos pais como um dos mais difíceis e conflitantes no relacionamento com os filhos. É essencial, não só nesse período como em todas as fases do crescimento e desenvolvimento, que se estabeleçam fortes laços afetivos para que esses indivíduos em construção encontrem nos pais a ajuda e os conselhos necessários em uma fase tão desafiante e de tantas descobertas.

Pré-adolescência

Primeiramente vamos definir o que é adolescência e dividi-la em dois estágios, para melhor compreensão desse período. A adolescência é uma fase do desenvolvimento humano em que ocorrem profundas transformações biológicas, psicocognitivas e sociais, que conduzem o indivíduo da infância para a idade adulta. Segundo a OMS (Organização Mundial de Saúde), abrange a faixa etária dos 10 aos 19 anos de idade, dividindo-a em pré-adolescência (dos 10 aos 14 anos) e adolescência propriamente dita (dos 15 aos 19 anos).

Portanto, o período da pré-adolescência seria o primeiro estágio dentro da adolescência, que se inicia por volta dos 10 anos, quando a segunda infância termina e a puberdade começa, e pode se estender até os 14 anos, quando a adolescência se intensifica. A melhor maneira de se identificar essa fase é observando as mudanças físicas e alterações comportamentais bruscas. Nesse período ocorre uma aceleração repentina do crescimento, seguida pelo desenvolvimento dos órgãos sexuais e das características sexuais secundárias. Além disso, os pré-adolescentes se tornam mais conscientes do seu gênero e tendem a ajustar o seu comportamento ou aparência para se enquadrar ao ambiente almejado.

Devemos diferenciar a adolescência de dois outros conceitos: o da juventude e o da puberdade. O conceito de juventude constitui um processo sociocultural em que há uma preparação do indivíduo para assumir o papel do adulto na sociedade, na família e no âmbito profissional. Já o conceito de puberdade está relacionado aos aspectos físicos e biológicos do indivíduo, iniciando-se por volta dos 9/10 anos de idade. Logo, o fenômeno puberdade/adolescência não pode ser estudado isoladamente, apesar de serem processos diferentes. Resumindo: a puberdade corresponde às modificações físicas (biológicas) e a adolescência corresponde às transformações biopsicossociais decorrentes dessas modificações físicas.

Puberdade

A puberdade é um processo em que a criança se prepara para a maturidade da fase adulta, com o crescimento, o desenvolvimento e a aquisição de um novo corpo com acesso à capacidade reprodutiva e à expressão da sexualidade, que dura cerca de 4 a 5 anos para ambos os sexos.

A maioria dos meninos inicia a puberdade entre 9 e 14 anos (média de 12 a 13 anos). É um processo fisiológico de desenvolvimento que tornará o organismo apto a se reproduzir e coincide com o período da adolescência. Ocorrem diversas alterações hormonais durante esse período que culminarão com as seguintes modificações corporais nos meninos: aumento do volume testicular (geralmente, é o primeiro sinal de puberdade), crescimento do pênis (inicialmente em comprimento depois, em diâmetro), odor do corpo, surgimento de pelos axilares, faciais e pubianos, engrossamento da voz, estirão puberal (rápido crescimento em estatura) e outras.

A primeira ejaculação pode ocorrer espontaneamente durante o sono, de maneira involuntária e até sem pensamentos sexuais relacionados. É importante que seu filho tenha conhecimento de que isso pode acontecer e que é sinal do amadurecimento dos seus órgãos genitais. Explique que, com o tempo, ele passará a ter mais controle sobre o corpo e esses episódios serão menos frequentes. O sêmen dos dois primeiros anos costuma ter menor concentração de espermatozoides, mas isso não impede a fertilidade.

Vale salientar que pode ocorrer de modo transitório e com resolução espontânea um aumento das mamas em cerca de 50% dos adolescentes do sexo masculino. Até aproximadamente os 11 anos, meninos e meninas possuem força muscular semelhante. Após esse período, o crescimento muscular dos meninos passa a ser maior, algo que se perpetua até a fase adulta.

Nas meninas, a puberdade se inicia entre 8 e 13 anos (média de 10 a 11 anos), quando geralmente o primeiro sinal observado é o aparecimento do broto mamário (telarca). Outras manifestações da puberdade nas meninas em decorrência também das alterações hormonais ocorridas durante esse período são: aparecimento dos pelos pubianos (que pode ser o primeiro sinal de puberdade em 10% das meninas saudáveis) e axilares, desenvolvimento dos seios (vão aumentando em tamanho de acordo com a aceleração do crescimento), secreção vaginal fisiológica, mudanças na composição corporal (com aumento da gordura corporal, principalmente na região do quadril, nádegas e coxas), estirão puberal, a primeira menstruação (menarca), ciclos menstruais, ovulação e outras.

Antecipe a informação desses fenômenos fisiológicos para a sua filha, como, por exemplo, de que à medida que os seios crescem, um pode ficar um pouco maior do que o outro e que o tamanho dos seios raramente é simétrico. Fale sobre a menarca, que, geralmente, ocorre cerca de 2 anos após o início da telarca. Até os dois primeiros anos do início da menarca, é muito comum alterações do fluxo menstrual, com ciclos mais longos, intercalados com períodos sem menstruação. Explique que ela pode sentir algumas cólicas antes e durante a menstruação, mas se elas forem intensas, procure o ginecologista. Discuta com ela a higiene, que deve ser reforçada durante o período menstrual, assim como o uso e a troca regular de absorventes ou de outras opções para serem usadas nesse período. Informe que após a menarca o aumento da estatura é de aproximadamente 6 a 8 cm até alcançar a altura final na adultícia.[1]

O estadiamento da maturação sexual é feito pela avaliação das mamas e dos pelos pubianos nas meninas e dos genitais e dos pelos pubianos nos meninos (estágios de Tanner, avaliados pelo médico). A puberdade é um processo variável entre os indivíduos (inclusive na mesma família), progressivo e dinâmico, quando ocorre de modo saudável. Pode ser alterada por fatores externos como, por exemplo: estresse, exercícios físicos, deficiências nutricionais e outros. Por isso, adolescentes da mesma idade podem estar em momentos diferentes da puberdade, assim como adolescentes que iniciam simultaneamente a puberdade podem chegar ao término dela em idades distintas.

A puberdade termina com o crescimento físico e o amadurecimento gonadal em torno dos 18 anos. Casos de puberdade precoce, ou seja, o aparecimento de características sexuais secundárias antes da idade prevista (antes dos 9 anos para os meninos e antes dos 8 anos para as meninas), assim como a puberdade tardia, quando o processo se inicia além da idade esperada (após os 15 anos para os meninos e após 14 anos para as meninas), devem ser avaliados por um(a) ginecologista/urologista ou hebiatra. É importante ressaltar que estamos vivenciando uma precocidade biológica do início da puberdade, do estirão puberal e da menarca, fator explicado por alguns autores como resultante principalmente da melhoria das condições de vida e saúde, sobretudo em relação aos fatores nutricionais.

Assim como as meninas vão ao ginecologista no início da puberdade, é preciso levar os meninos ao urologista. Ambos os profissionais fornecerão orientações de ações preventivas de doenças, esclarecerão dúvidas sobre o desenvolvimento e o funcionamento desse novo corpo em construção, darão

---

1 Na menarca, a adolescente já alcançou 95,5% da estatura final. As meninas que maturam mais cedo (antes da mediana de 12,6 anos) provavelmente crescerão mais do que a média de 6 ou 7 cm, e por mais tempo, do que as que maturam mais tarde, até atingirem sua estatura final. O tempo médio de crescimento após a menarca é de 4 anos. Para as meninas consideram-se que a estatura definitiva é atingida ao redor dos 18 anos. Arq Bras Endocrinol Metab 2000; 44/3: 195-204.

orientações sobre a prevenção de gravidez indesejada dentro do contexto de educação sexual, alertarão sobre os riscos de substâncias que poderão acarretar problemas em sua saúde e falarão a respeito das imunizações dessa faixa etária, na qual destacamos principalmente a do HPV.

Adolescer e as mudanças comportamentais

Além das mudanças corporais notórias, o cérebro do adolescente está em um intenso processo de transformação e amadurecimento. É impossível não notar que nosso adolescente em construção começa a mudar o jeito de pensar, de sentir, de agir, de se expressar e de se inserir no mundo. É extremamente importante sabermos que essas mudanças comportamentais possuem um embasamento fisiológico que as justificam, para podermos ser mais tolerantes e ajudá-los e orientá-los nesse processo de identificação como indivíduo.

O cérebro vai amadurecendo ao longo dos anos e as conexões cerebrais vão se desenvolvendo à medida que são estimuladas. Para se ter uma ideia da magnitude desse processo, acredita-se que o amadurecimento total dessa complexa rede de conexões neuronais só ocorra por volta dos 24 anos. Portanto, algumas atitudes frequentes nesse período são decorrentes desse processo de desenvolvimento. Por exemplo: agir por impulso é uma característica do córtex pré-frontal ainda imaturo nesse período. Isso confere ao adolescente dificuldades de controle inibitório, de planejamento e de fazer escolhas. Eles apresentam uma percepção distorcida do tempo, ou seja, costumam supervalorizar o tempo presente (o imediatismo) e ser intolerantes à espera e ao planejamento a médio ou longo prazo. Com essa impulsividade, acabam não ponderando os prós e os contras de suas atitudes.

E isso faz parte do processo de adolescer (crescer, amadurecer), período marcado por instabilidades, contradições, introspecção e descobertas, em que o indivíduo adquirirá subsídios (princípios, valores, crenças, éticas, normas culturais/sociais/religiosas etc.) para construir a sua própria identidade. É importante que eles vivenciem essa fase de experimentações em busca do amadurecimento para se tornarem adultos independentes; e o nosso papel como pais é dar essa oportunidade, garantindo que isso ocorra de maneira segura e construtiva. Para isso, devemos estar presentes, tirando as dúvidas, dialogando, demonstrando que somos confiáveis, mostrando interesse pelos assuntos deles (orientando e não julgando) e investindo em tempo juntos, respeitando sua individualidade e não minimizando seus sentimentos, ensinando a dizer **não** e a valorizar suas vontades e princípios, impondo limites e os preparando para a responsabilidade de seus atos.

Logo, tolere as mudanças, estimule a autonomia de seus filhos e os informe sobre as consequências de seus atos e escolhas. Dessa forma, essa fase tão desafiadora poderá ser vivenciada de maneira mais prazerosa, com saldos positivos tanto para eles como para vocês, pais, também em construção e metamorfose.

O conflito de ser ou não ser mais criança e os lutos da pré-adolescência

Com exceção da fase do desenvolvimento fetal, não há nenhuma outra fase no desenvolvimento do indivíduo em que as modificações da composição corporal sejam tão intensas e rápidas. Temos que ter em mente que o conflito dessa fase é um mecanismo propulsor necessário para o desenvolvimento e construção da identidade individual. E, para isso, eles terão que vivenciar e superar os três lutos dessa fase: pelo corpo infantil, pela perda dos pais da infância e pela perda da identidade e do papel infantil.

Com a entrada da puberdade, o pré-adolescente elabora o luto pelo corpo infantil e passa pelo processo de construção de uma nova imagem corporal, tornando-se mais suscetível às influências sociais e da mídia. Ele necessita se adaptar ao seu novo corpo, logo passa a tolerar também o despertar da sexualidade. Tenderá a escolher o jeito de se vestir, o estilo de cabelo, de cuidar e entender o seu corpo, que nem sempre corresponde à sua imagem idealizada. É importante fortalecermos sua autoestima. Portanto, deixe seu adolescente adolescer. Por meio dessas mudanças, ele tentará encontrar e descobrir as preferências que constituirão sua identidade.

Nesse processo de ser ou não ser mais criança, eles vivenciam sentimentos ambíguos em relação aos pais, ora demonstrando dependência, ora cobrando independência, liberdade e fazendo críticas exageradas e recorrentes a eles. O pré-adolescente começa a se confrontar com os pais reais e não mais com os pais idealizados e superprotetores da infância. O luto de vivenciar a perda dos pais da infância é tão doloroso para eles quanto para os próprios pais. Ocorre o distanciamento natural dos pais e, nessa busca para construir a própria identidade, aos poucos vão conquistando a autonomia. Para isso, substituem os laços afetivos e de dependência que tinham com o núcleo familiar pelo dos amigos e conhecidos fora desse ambiente. Geralmente buscam grupos que compartilhem dos mesmos interesses e estilos, ou que estejam enfrentando as mesmas dificuldades e inseguranças, ou com quem se sentem melhores compreendidos ou amparados. Tenham em mente que esse distanciamento é um processo saudável e necessário para que o seu filho consiga encontrar o papel dele na sociedade.

Com o objetivo de se posicionar em relação aos outros e às expectativas e cobranças da sociedade, vivencia-se o luto pela perda da identidade e do papel infantil, afastando-se e distanciando-se de tudo e de qualquer comportamento que remeta à infância, passando a adotar um comportamento que esteja mais de acordo com os direitos e os deveres que o aguardam na fase adulta.

Inicialmente, o pré-adolescente nega passar por esses lutos e os processos de transformações. Logo, ele vive a ambivalência entre o desejo de permanecer no estágio infantil e a necessidade de progredir no processo de desenvolvimento. Devemos entender e dar o suporte nesse período que gera muita ansiedade, tanto pelo confronto com o que a sociedade exige quanto pelo conflito que ele passa nesse período de adolescer, entre o ser (criança) e o não ser (adulto) e a substituição do mundo infantil pelo mundo adulto.

Apesar de toda a turbulência e das oscilações de emoções dessa fase, o período de pré-adolescência apresenta muitos ensinamentos e progressos no relacionamento entre pais e filhos. Essa fase, como todas as outras, vai passar e o meu conselho final é que tentem realmente vivenciá-la e extrair o melhor aproveitamento dela, a fim de que o vínculo entre vocês se fortaleça ainda mais.

Dar o exemplo não é a melhor maneira de influenciar os outros.
É a única.
ALBERT SCHWEITZER

7

OS PAIS NO PROCESSO TERAPÊUTICO DOS FILHOS

A participação dos pais na terapia dos filhos pode trazer uma contribuição ao entendimento da dinâmica emocional entre eles, ajudando no desenvolvimento do processo. Essa inclusão aproxima o analista da história familiar, ampliando o manejo terapêutico, além de possibilitar a criação de um espaço que privilegia a comunicação entre os membros da família.

CRISTINA CRIVANO

Cristina Crivano

Contatos
cristinacrivano@hotmail.com
Instagram: @cristina_crivano
Facebook: cristinacrivano
21 99502 1365

Licenciada e bacharel em Psicologia pela Universidade Santa Úrsula. Especialista em Saúde Mental Infantojuvenil pela PUC/Rio. Pós-graduada em Terapia de Família e Casal pela PUC/Rio. Membro em formação de psicanálise na Formação Freudiana no Rio de Janeiro/RJ e membro do Grupo Brasileiro de Pesquisas Sándor Ferenczi. Trabalhou no GAARPE (Grupo de Atendimento, Avaliação e Reavaliação de Pessoas Especiais) da Marinha do Brasil, com atendimentos a crianças, adultos e famílias, coordenando grupos de pais e em atendimentos multi e interdisciplinares; e na AACD (Associação de Assistência à Criança com Deficiência) em Nova Iguaçu/RJ.

Partindo da observação em relação ao aumento da procura de pais por terapia para seus filhos, me dei conta de que necessitava fazer adaptações ao tratamento psicoterápico mais tradicional, ajustando-me às necessidades trazidas pela família e pela criança.

Na história da psicanálise de crianças, a inclusão ou não dos pais na terapia de seus filhos é uma questão que difere, ainda hoje, nos consultórios e entre os profissionais.

Alguns psicanalistas afirmam que os pais devem ser mantidos fora do tratamento de seus filhos. Segundo eles, o tratamento, sem a interferência do mundo real, é essencial porque o que importa é a análise do mundo interno. Os pais a serem trabalhados, portanto, serão os pais fantasiados, que pertencem à realidade interna da criança. Já outros, acreditam que a criança tem um lugar no mundo externo e entender a dinâmica familiar é primordial para o desenvolvimento do tratamento dela.

Não existe uma técnica única. O manejo do tratamento vai ao encontro com a necessidade de cada caso, tem ritmo próprio. O importante é que o *setting* terapêutico seja um ambiente favorável, acolhedor, suficientemente bom para proporcionar a retomada do desenvolvimento do paciente.

A partir de agora, farei algumas colocações sobre a integração do atendimento aos pais na terapia dos filhos, mostrando a relevância desta para se obter um bom resultado no tratamento das crianças.

É importante reconhecermos que, antes de nascer, a criança já ocupa um lugar na família, ela vem ao encontro do desejo de seus pais. Na preparação do quarto, nas escolhas de cores e texturas, até na escolha do nome, muitas vezes acompanhado dos "carinhosos" apelidos, esse bebê vem, simultaneamente, sendo gerado na barriga da mãe e criado na imaginação dos familiares.

Nesse sentido, estabelecendo o conceito de família como um sistema, em que o todo é mais complexo que a simples soma de suas partes, podemos entender a importância da presença dos pais na terapia de seus filhos.

A compreensão do "movimento" familiar passa pelo entendimento de padrões e estruturas que a sustentam. Esses conjuntos de regras são transmitidos de geração em geração e, também, construídos de acordo com o contexto cultural no qual a família está inserida. As regras familiares são a base das interações entre seus membros e são negociadas e estabelecidas assim que o casal se une. A cada entrada e saída de novos membros, haverá novas negociações e o "movimento" familiar vai sofrendo mudanças, com alterações em seus padrões relacionais, que podem se dar de maneira funcional ou disfuncional. Quando os relacionamentos se encontram disfuncionais, alterando a harmonia da família, um dos recursos é a procura da terapia para o membro "eleito" como causador das questões.

Na contemporaneidade, vemos, para além do modelo de família nuclear (pai, mãe e filho), novos modelos de família: famílias monoparentais, reconstituídas, homoparentais, que carecem ser compreendidas e incluídas nos estudos sobre parentalidade. Os papéis, antes estabelecidos, hoje ganham complexidade e elasticidade maiores, diferentes possibilidades de exercício parental precisam ser construídas e vivenciadas.

Ao procurar terapia para seus filhos, os pais adentram em nosso consultório angustiados e querendo respostas imediatas para a situação vivida, tentando dar sentido a uma problemática que atravessa a vida de todos na família. Uma parte das demandas trazidas pelos pais ao consultório identifica-se com uma dificuldade em relação ao exercício dos papéis parentais, seja pela rejeição aos modelos antigos, seja pela indefinição de um modelo atual, gerando atritos no relacionamento entre pais e filhos, como questões sobre a colocação de limites.

Tanto a sociedade como a família estão se desconstruindo e se reinventando. É imprescindível escutar os pais na medida em que se encontram implicados nos sintomas dos filhos. O que não significa analisá-los, e sim ajudá-los a redirecionar os problemas com os filhos e se situarem em relação aos próprios problemas. A manutenção de encontros com os pais pode ajudar a diminuir as fantasias e ansiedades que eles apresentam, também aproxima o terapeuta da história familiar, entendendo melhor sua dinâmica e o lugar nela ocupado pela criança.

Por serem totalmente dependentes dos pais, faz-se necessário, na terapia das crianças, um olhar atento a essa particularidade e a pergunta – que lugar os pais/cuidadores podem ocupar nesse tratamento? – deve ser pensada e avaliada caso a caso.

A importância de os pais serem incluídos no tratamento de seus filhos já se observa antes do contato com o terapeuta. Eles se deparam com queixas geralmente feitas pela escola ou pelo médico da criança, que indicam a procura por um profissional. Cabe a eles a escolha do psicólogo, que pode ser indicado ou escolhido por vários outros meios. No próximo passo, a marcação da primeira consulta, eles também são os atores principais e responsáveis por esse contato e, a partir dele, decidem a vinda da criança e o começo de seu tratamento. A concordância e autorização dos pais em relação ao processo terapêutico é fundamental, pois eles são responsáveis pela chegada e a frequência das crianças às sessões. Em nome da ética, é preciso que fique claro aos pais que tudo que for trazido por eles nos encontros poderá ser dito, em algum momento, à criança, e o que deve ser comunicado a eles, em relação ao andamento do tratamento da criança, é em benefício desta. O direito à privacidade e ao sigilo é em relação ao material trazido pelo paciente, neste caso, a criança. Existem casos em que se faz necessária a comunicação aos pais sobre alguns comportamentos do filho, como situações envolvendo drogas e risco de vida.

Várias situações podem se apresentar até ser marcado esse primeiro encontro entre o terapeuta e os pais: horários que não "batem", a dificuldade de uma consulta única para pais separados. A flexibilidade do terapeuta é essencial, e todo esse "movimento" de encontros e desencontros já pode trazer um entendimento do funcionamento da família, do lugar ocupado pelo paciente, no caso a criança, e da resistência dos pais em admitirem que o filho passa por problemas que eles não conseguem administrar.

No primeiro encontro com os pais, é necessário que se desenvolva uma relação de cooperação e confiança. Por vezes, os pais se sentem incapazes, impotentes e até culpados pelos sintomas apresentados pelo seu filho. O motivo da consulta pode ou não aparecer nesse momento, depende do que os pais conseguirem ou puderem nos informar. Por esse motivo, esse encontro pode se desdobrar em outros encontros. Não existe um número adequado para as entrevistas iniciais com os pais.

Depois virão os encontros com a criança. O número de sessões vai depender do enfoque de cada terapeuta, porém uma avaliação é feita e um primeiro contato com a criança é estabelecido. Após esses encontros, uma sessão é marcada com os pais para a devolução do que foi percebido e aferido pelo terapeuta. Caso a criança necessite de tratamento, o contrato de trabalho é combinado, respeitando as necessidades da criança e da família. A estabilidade e a previsibilidade das sessões e do analista auxiliam a criança a experimentar noções de tempo, espaço e ter confiança em um ambiente.

Porém, nem sempre há indicação para a realização de uma terapia para a criança. Pode-se indicar outro tipo de trabalho, como uma terapia de casal ou terapia individual para um dos pais.

Faz-se necessário ressaltar a singularidade do processo terapêutico de uma criança e a importância do envolvimento das demandas exteriores a ela. A criança deve ser ouvida como sujeito de sua própria fala, sem perdermos de vista o sistema familiar em que está inserida. Quanto mais flexível e disponível for esse sistema familiar, mais favorável será a intervenção terapêutica.

Em relação ao tempo do tratamento, vai ser levado em conta a melhora da criança, a remissão dos sintomas e a melhora no ambiente familiar. A problemática da criança diz muito a respeito de sua vida e sobre a vida de seus pais. Por vezes, os sintomas aparecem porque é a maneira encontrada pela criança para ser ouvida sobre seu sofrimento, porém podem também denunciar algum conflito entre os pais.

O atendimento com crianças necessita de uma clínica modificada. O trabalho é realizado de acordo com a demanda, com mudanças desde o ambiente físico, com acréscimo de brinquedos, jogos, livros, uso de materiais não elaborados/sucatas, até em relação à disponibilidade do terapeuta a combinar atendimentos com toda a família.

Para a psicanálise, crianças são sujeitos que estão se estruturando psiquicamente e que precisam da presença de um adulto para lhes dar afeto e garantir sua sobrevivência. Donald Winnicott, pediatra e psicanalista inglês, traz o conceito de ambiente facilitador como fundamental para o desenvolvimento emocional do bebê. Segundo ele, a constituição do indivíduo se dá por meio dessa interação com o meio ambiente. Um ambiente favorável torna possível o desenvolvimento dos processos de maturação, possibilitando à criança atingir seu potencial (WINNICOTT, 1975).

Levando em conta essa importância, verificamos que os encontros com os pais se tornam necessários, podendo ajudar a reduzir a resistência da família, auxiliando no entendimento da dinâmica emocional dos filhos. Com isso, possibilitando a elaboração de algumas questões próprias e, também, relativas à criança, facilitando, assim, a modificação do ambiente e a retomada do desenvolvimento infantil. Ao conter a angústia dos pais, há um desdobramento, eles passam a poder amparar seus filhos dando um suporte, reconhecendo suas demandas, podendo liberar a criança da posição em que antes a colocavam.

Na minha clínica, dependendo de cada caso, encontros mensais são oferecidos às famílias das crianças que recebo para tratamento. Esses encontros acontecem em um dia diferente do dia do atendimento à criança, e com o consentimento dela. É um espaço diferente, em que procuro proporcionar um lugar de falas, de encontros, onde acontecem jogos, contação de histórias, e situações trazidas são experienciadas por qualquer membro da família. Esse "*setting*" vai sendo criado por todos e traz uma possibilidade de construção de novos vínculos e de fortalecimento de outros. Um espaço potencial para a retomada do desenvolvimento emocional da criança.

Essa possibilidade de manejo, sem dúvida, é uma ampliação na forma tradicional de se realizar uma clínica com nossos pequenos pacientes. Para além do atendimento individual com a criança, há uma função terapêutica como facilitador para que a família encontre seus próprios recursos, podendo lidar, assim, de maneira mais adequada com as situações conflituosas e encontrar algumas saídas e resoluções.

Nem sempre conseguimos a continuidade das sessões mensais, por vários obstáculos trazidos pela família no decorrer do tratamento, porém elas têm se mostrado um diferencial no tratamento da criança. Tem sido possível observar vários benefícios da presença dos pais nas sessões conjuntas, como: auxiliar no entendimento da família para a compreensão do sintoma da criança, favorecer um desenvolvimento mais equilibrado das funções parentais, promover o fortalecimento dos vínculos e restabelecer a comunicação entre os familiares, melhorando a qualidade do ambiente e do convívio familiar.

A inclusão dos pais no tratamento de seus filhos é uma ferramenta que, ao ampliar o manejo terapêutico, contribui para um melhor desenvolvimento do processo psicoterápico da criança.

Referências

BERTHOUD, C. M. E. *Re-significando a parentalidade: os desafios de ser pais na atualidade.* São Paulo: Cabral Editora Universitária, 2003.

WINNICOTT, D. W. *O brincar & a realidade.* Rio de Janeiro: Imago, 1975.

8

LINGUAGEM NA INFÂNCIA
MÚLTIPLOS MODOS DE INTERAÇÃO

Este capítulo tem como objetivo refletir sobre as múltiplas formas de interação da criança com o mundo e com os outros na infância. Em especial, no que diz respeito à singularidade de como cada criança vivencia e elabora suas experiências por meio da linguagem. A partir desse diálogo, propõe-se refletir sobre a importância de oferecer espaços ricos e diversos em experiências e, principalmente, em respeitar o tempo de cada criança em seu processo de desenvolvimento.

DANIELA MARÇAL

Daniela Marçal

Contato
dmarcal0@gmail.com

Fonoaudióloga e doutora em Design pela Pontifícia Universidade Católica do Rio de Janeiro/RJ. Pesquisadora do Laboratório Linguagem, Interação e Construção de Sentidos (LINC/Design), da PUC-Rio, onde cossupervisiona o eixo temático *Design social* e *fatores humanos: design inclusivo, participativo, colaborativo e responsabilidade social*. Realiza pesquisas e trabalhos nas áreas de design, saúde e educação, com ênfase em inclusão e infância. Membro da equipe Estratégia Brasileirinhas e Brasileirinhos Saudáveis – EBBS – IFF/FIOCRUZ.

*O visível é o que se apreende com os olhos,
o sensível é o que apreendemos com os sentidos.*
MERLEAU-PONTY

Assim como os pais, ninguém nasce pronto. Estar pronto significa estar terminado e, neste sentido, não estamos nem estaremos prontos nunca, pois a vida é movimento, mudança e processo. No percurso do desenvolvimento encontramos caminhos, estratégias, meios e modos diversos de interagir. Sinalizo aqui que o conceito de interação ao qual me refiro se dá na relação do Eu com o Outro (o meio/social), em que a linguagem é entendida como forma (lugar) de interação com os seres humanos e as coisas. Portanto, mediadora das experiências de interação entre as crianças e seu meio ambiente, mudando a forma social e seu desenvolvimento cultural.

Se as interações são múltiplas, como podemos pensar que existe apenas um modo de interagir? Como reduzir a riqueza e a diversidade das relações a modos "certos e errados" de interação? Proponho começarmos a pensar o lugar da linguagem nesse processo e sua relação com os múltiplos modos de interações possíveis. O ser humano se constitui na linguagem e pela linguagem, faz parte da construção social do sujeito. Afinal, ela atende a uma necessidade humana de nos expressarmos e nos comunicarmos.

A linguagem é elemento central para a construção do pensamento e da consciência na criança, dando-lhe a possibilidade de expressão por meio das palavras, dos gestos, dos movimentos e de outras formas de comunicação, pois possui função mediadora entre ela e seu entorno – as pessoas e as coisas. Por intermédio da linguagem, a criança constrói seu entendimento da realidade, dá sentido a ele internamente e, assim, expressa seus desejos e pensamentos para os outros e o meio (família, amigos e outros sujeitos de seu cotidiano).

A construção do sentido (significados) é um processo, e acontece no tempo de cada um; portanto, não está pronto e dado: é vivido, sentido e aprendido pela criança em ação e interação. Deleuze (2003) nos diz que: "Nunca se aprende fazendo como alguém, mas fazendo com alguém". Portanto, é na ação conjunta que a criança se desenvolve e, por isso, é importante estarmos atentos para os diferentes modos pelos quais vão se comunicar com o mundo. A linguagem é construída com o outro e não como o outro. O exemplo é importante, é a referência, a criança observa como o outro faz, mas é na ação, fazendo com o outro, a seu modo, que ela cria significados, ou seja, interagindo com as pessoas e o meio.

A produção da linguagem na criança, dentre outros aspectos, é resultante de suas múltiplas experiências pessoais, sociais, culturais e, também, sensoriais; interações por meio dos sentidos (as experiências sensoriais vividas pelo corpo). Portanto, um meio que possibilita à criança experimentações diversas, variedade de sensações, permite que ela perceba e elabore suas experiências para construir novos significados, ampliar repertórios e conceitos. Um processo que transforma não só a produção de sentido, como modifica os processos cognitivos da criança, proporcionando amadurecimento e aumento de seus conhecimentos, bem como a capacidade de compreensão de suas experiências. Cria, assim, novas bases para outras aprendizagens importantes e permite sua participação ativa na vivência.

A percepção de si e do espaço (contexto social e físico) é atravessada igualmente por experiências sensoriais com o meio, sendo a imagem corporal um conjunto de informações que constituem a criança diante de si, do outro e do mundo. A diferenciação entre os objetos e o próprio corpo, que se dá ainda na primeira infância, faz parte do desenvolvimento dos processos socioafetivos-cognitivos dos sujeitos. Portanto, para além de questões cognitivas, esses processos participam do desenvolvimento da identidade e do entendimento das relações entre as pessoas.

As múltiplas formas de interações com o meio, com as pessoas e com os objetos que nos circundam produzem emoções e sentimentos que nos permitem elaborar e criar significados, ou seja, dar sentido às coisas na experiência, vivenciar os acontecimentos da vida, nas relações. As experiências sensoriais evocam emoções que marcam vivências pessoais circunscritas em um determinado tempo/lugar físico e histórico, mediados pelo corpo, pelo meio, por objetos e pessoas.

É, também, por meio de sua organização sensório-motora no meio (ação e contexto) que a criança apreende e aprende. Em seu desenvolvimento, compreende a ação intencional e passa a compartilhar com os adultos certos aspectos da própria experiência. Acredito ser imprescindível compreender que a linguagem abarca muitos modos, verbais, visuais, táteis, corporais, olfativos, enfim, uma gama de formas de comunicação. A linguagem se constrói, também, nas associações complexas entre palavras, ações e sensações.

A linguagem também se apresenta como atividade coletiva diante das questões, problemas e desafios experimentados no contexto social em que a criança vive. Está em contínuo processo de transformação e, principalmente na infância, em constante movimento de mudança de acordo com as oportunidades de experimentar novas situações, modos de ação, expressão e interação. É por meio do compartilhar, da troca, que a criança se entende como ser social. Ela é afetada e afeta a ação do outro e seu contexto.

Quando a criança se expressa, ela faz a seu modo, é singular – me expresso como posso, como desejo e como elaboro – não existe uma regra *a priori*. Existe uma construção a partir de códigos preestabelecidos socialmente por uma determinada comunidade. Tomemos como exemplo o conceito de "bola". Basicamente, toda criança em algum momento brincará/interagirá com uma bola. Porém, as bolas não são as mesmas, as brincadeiras não são as mesmas, as sensações corporais das interações também não; e, mesmo assim, a criança apreende esse conceito, "entende" quando falamos "bola" e pede a bola: pela fala, pelo gesto, pela ponta do dedo e pelo olhar. Um conceito partilhado socialmente e construído na singularidade de sua vivência e experiência.

Vale ressaltar que, em uma primeira fase, as crianças compartilham com seus familiares e cuidadores estados e percepções; depois, compartilham com estes objetivos, ações e percepções uns dos outros; e, posteriormente, compartilham, também, estados intencionais, e adotam uma ação conjunta para atingir o objetivo compartilhado. É justamente pelo envolvimento (participação/engajamento) da criança em atividades colaborativas, como nas atividades cotidianas e no brincar, que ocorrerão formas de interação social, aprendizagem cultural, comunicação simbólica e representação cognitiva.

Apesar de os marcos de desenvolvimento apresentarem categorias e etapas como capacidades cognitivas, motoras, sociais, emocionais e linguagem, estes não se dão de modo independente. Se por um lado representam fases, por outro devem ser entendidas mais como uma caminhada (processo) do que como subir degraus. Não devemos pensar a linguagem (a comunicação) de uma criança como um *checklist* de etapas. Os marcos são referências, indicativos e padrões que auxiliam a observarmos o desenvolvimento da criança como um todo, sem, no entanto, anular sua singularidade. É importante pensar em cada criança como única, ela estará sempre avançando em relação a si mesma. A partir de suas próprias experiências, processos e modos singulares de interação, cada uma a seu tempo.

Isso não quer dizer que não possa haver momentos de pequenos "atrasos", dificuldades e, às vezes, condições que não permitam que a criança desenvolva sua fala e comunicação como o "esperado". É preciso procurar apoio quando percebemos que há alguma dificuldade e, acima de tudo, que a criança tenha acompanhamento contínuo. No entanto, não podemos perder de vista que o desenvolvimento é único, se dá em determinado contexto, com as características daquela criança e de seu ambiente emocional, social e físico. Não somos feitos em série, temos especificidades e subjetividades. As crianças constroem suas estratégias, seus modos de se comunicar e se expressar, desde que para isso tenham espaço/possibilidades, ambiente acolhedor e, principalmente, respeito pelo seu tempo.

Apesar do senso comum de que pensamento e linguagem se constroem preferencialmente pela palavra, é indispensável pensarmos na possibilidade de existirem outros modos de representação mental. Assim como temos vários meios de perceber e sentir o mundo, também possuímos modos diferentes de interpretá-lo. De acordo com os repertórios construídos por nossas experiências, que são únicas e, também, nossas potencialidades e habilidades, temos diferentes modos de pensar, representar, fazer, agir e, portanto, inventar o mundo.

Uma criança não verbalizar não quer dizer que não se comunica, e sim que ela não está usando a fala e a palavra para isso. Mas ela sorri, aponta, olha para um objeto e para outro, acelera a respiração quando alguém se aproxima demonstrando prazer e, também, desprazer. Sim, ela sente e interage em sua potência. Toda criança (assim como todo ser humano) é legítima em sua existência e deve ser respeitada em seu modo único e singular de ação.

Oferecer um ambiente que seja múltiplo em experiências fortalece o desenvolvimento da criança e, assim, ela terá maior possibilidade de interagir a partir do que pode e quer fazer. Um ambiente rico em afeto, cores, texturas, cheiros, sons e possibilidades de ação permite que ela, por meio do que tem para dar naquele momento, possa compartilhar suas experiências e expressar suas descobertas.

Mesmo diante da ansiedade dos familiares e cuidadores de ver a criança falar, andar, brincar e interagir, é preciso que possamos perceber o que ela tem de potente em sua comunicação. Quais "canais sensoriais" (visão, audição, fala, tato, movimento) ela usa para se comunicar? Quais sentidos a fazem se conectar com o mundo? Por que, muitas vezes, nos concentramos nas barreiras e no que ela ainda não faz se já faz uma porção de coisas? Na infância, aprendemos muitas coisas ao mesmo tempo e em, relativamente, pouco tempo. Penso ser relevante compreendermos que é justamente nessa fase da vida que somos força potente em essência, mesmo que o adulto se esqueça, é nessa fase que aprendemos a existir.

Ao construirmos espaços e relações diversas que possibilitam à criança múltiplas possibilidades de se comunicar, se expressar a seu modo e experimentar o mundo, estamos ampliando suas oportunidades de troca, compartilhamento, diálogo e existência. É pela linguagem que nos constituímos enquanto sujeitos, no espaço entre o ir e vir dos verbos que colocamos em ação construímos nosso entendimento de mundo e de sujeitos.

Quando levamos a concha ao ouvido para "escutar" o barulho do mar, vivenciamos uma experiência única, mágica, que é íntima e individual, mas carrega toda a imensidão do significado da palavra "mar".

Referências

DELEUZE, G. *Proust e os signos*. 2. ed. Rio de Janeiro: Forense Universitária, 2003.

TOMASELLO, M. (2003a). *Origens culturais da aquisição do conhecimento humano* (C. Berliner, Trad.). São Paulo: Martins Fontes (Trabalho original publicado em 1999).

VYGOTSKY, L. *A formação social da mente*. São Paulo: Martins Fontes, 2007.

9

PRECISAMOS EMPAIDERAR A FUNÇÃO PATERNA

Pretendo, com este capítulo, trazer à luz algumas reflexões sobre o quanto o pai fica, muitas das vezes, "sem querer" ou "sem saber", relegado a segundo plano, pela mãe (consciente ou inconscientemente), perante os filhos, sem, portanto, poder participar do desenvolvimento emocional, social e cognitivo tão necessário para a estruturação psíquica das crianças e adolescentes até a vida adulta.

DENISE FERREIRA

Denise Ferreira

Contato
dagf@lwmail.com.br

Pedagoga, graduada pela UFF, em todas as habilitações - Administração e Supervisão Escolar, Magistério e Orientação Educacional. Pós-graduada em Psicopedagogia, Autoria Vocacional e em Trabalho Psicopedagógico com Famílias pela EPSIBA (Escuela Psicopedagógica de Buenos Aires, com Alicia Fernández), formada em Terapia de Família pela Núcleo Pesquisa. Tem curso de extensão em Educação Especial. É educadora parental e, recentemente, em 2020, fez a formação em Mediação de Conflitos pela Mediação Brasil. Possui uma experiência de mais de 30 anos em educação, com vivência em sala de aula em todos os segmentos da Educação Básica, atuando a maior parte do tempo como coordenadora, Vice-Diretora e Diretora Pedagógica em grandes escolas privadas no Rio de Janeiro. Possui muita experiência em inclusão escolar e vivência clínica de mais de 20 anos atuando em consultório. Ama o que faz.

Caso 1: consultório

Pessoas presentes: eu (psicopedagoga), a mãe e o pai da criança que vai começar a ser atendida.

Enquadre: primeira entrevista para conhecer a história da criança, a dinâmica da família e a queixa.

Dinâmica da entrevista: a mãe responde sozinha, praticamente, a todas as perguntas. O pai tenta, mas a mãe não permite que ele fale, não dá espaço. Dou a vez ao pai, a mãe toma a palavra e diz que ela é quem tem o lugar de fala porque é ela quem cuida da criança, é ela quem acompanha e fala, fala... E no fala fala, a mãe acaba falando mais de si, do que ela faz, do que da queixa que os levaram ao consultório. Minutos antes de a sessão terminar, o pai consegue uma brecha e fala, objetivamente, encerrando a sessão com "chave de ouro": "o problema é que ela não deixa o nosso filho crescer! Ela faz tudo por ele! Ele não tem autonomia nenhuma!".

A mãe retruca, diz que não é bem assim. Os dois se despedem e saem discutindo do consultório. Alguém já viu esse filme? Querem saber? Eu adoro a objetividade da maioria dos pais quando comparecem aos atendimentos no consultório.

Caso 2: escola

Pessoas presentes: eu (psicopedagoga) e a mãe de um aluno adolescente. Enquadre: atendimento em função de recorrentes atitudes de ideação de suicídio do filho adolescente. Dinâmica do atendimento: perguntei à mãe pelo pai, que também havia sido convocado para o atendimento. A mãe respondeu: "ele não veio porque não sabe o que está acontecendo com o nosso filho. Ele trabalha muito e eu quero poupá-lo." Contra-argumentei dizendo que a situação era muito séria para não ser compartilhada com o pai. E que ele tinha o direito de saber e se colocar no sentido de querer ou não ser poupado. Ela disse que não concordava, que resolveria o problema. Até porque ela achava que ele não seria a favor de terapia, se fosse o caso. Achava? E? Você já se deparou com um caso como esse também?

Em ambos os casos, as mães se colocam como detentoras de todo o conhecimento sobre as questões dos filhos, colocando os pais em segundo plano, consciente ou inconscientemente. Mesmo no segundo caso, pode dar a impressão de que a mãe valoriza bastante o pai, por ele trabalhar muito, mas o fato é que ela não dá a chance de ele saber e se colocar no sentido de ele querer ou não ser poupado e participar da vida do filho.

Lugar de fala: de que lugar estou falando?

Não estamos tratando aqui apenas das famílias de origem constituídas por casais héteros que vivem juntos. O mesmo pode acontecer com casais separados, sejam héteros ou mesmo casais homoafetivos, uma vez que um, provavelmente, sempre vai exercer a função paterna que, portanto, não precisa ser exercida somente pelo pai biológico, nem mesmo por um homem hétero. Pode ser exercida por alguém que tenha um laço afetivo, mas desempenhe uma função de autoridade. Pode ser até um avô ou até mesmo uma avó. Mas é interessante que a função paterna seja exercida de forma plena e autônoma. E, nesse sentido, a minha tese é que precisamos emPAIderar (empoderar) essa figura/função paterna para que haja um equilíbrio entre as ações e atitudes do casal - seja ele constituído por uma mulher e um homem, por duas mulheres e/ou por dois homens; sob o ponto de vista biológico – em prol da estruturação psíquica e do desenvolvimento social e cognitivo dos filhos. Esse tema tem sido, inclusive, motivo de estudo e pesquisa, que pretendo me aprofundar ainda mais, realizando novas pesquisas e publicando outros casos, frutos da minha vivência, com consequências danosas, na vida adulta. Pretendo também, em outras publicações, apresentar estratégias que possam mitigar ou até mesmo equacionar essas questões decorrentes de pais "colocados para escanteio" ou vítimas de alienação parental.

Figura Paterna

As transformações sociais, culturais e familiares que temos passado no mundo contemporâneo nos mostram que a "condição" de pai mudou muito e continua evoluindo. Houve época em que os filhos eram propriedades do pai (com as mães quase sem direitos) e época em que o pai era apenas o suporte financeiro da família.

Em seu livro, Costa resgata o pai antigo, proprietário de bens, escravos e filhos, disposto a impor sua lei e seus direitos e a resguardar seu nome e sua honra. Autoritário, se isentava de maiores compromissos e de manifestações afetivas com os filhos cuja relação era marcada pela ideia da diferença, ao se referir à hierarquia familiar: "adulto é diferente de criança, está na posição de quem sabe 'mais e melhor', e pode - e mesmo deve - de quando em quando, mostrar seu poder através do exercício legítimo da disciplina".

Segundo Gomes e Resende, o homem encontrava dificuldades para separar sua individualidade das funções de pai. Manteve-se protegido no silêncio, comprometedor de toda possibilidade de diálogo com a família, especialmente com os filhos. Foi sempre apoiado pela cultura que, sendo patriarcal, reservou- lhe lugar acima da tram@a doméstica constituída, sobretudo pela mulher e pela criança.

Essa visão de paternidade vem se transformando progressiva e lentamente, de modo inseparável, da sociedade e família. Porém, essa mudança de hábitos não acompanha o ritmo da transformação dos valores da sociedade. Antes de assimilar a nova configuração familiar, inserido no processo que introduziu a mulher no mercado de trabalho, o homem é surpreendido pela ruptura da hierarquia doméstica e pelo constante questionamento de sua autoridade. Tais mudanças não contribuíram para diminuir o vazio instalado na rede de relações afetivas. O distanciamento entre o homem e os demais membros do núcleo familiar denuncia a fragilidade do vínculo estabelecido entre pai e filho, principalmente quando se trata de crianças do sexo masculino. Penetrar este silêncio e entender a questão do pai, tendo como eixo a identidade masculina, culturalmente determinada, tem sido tarefa de estudos, que colocam em perspectiva experiências contemporâneas de paternidade. O pai exercia o poder na casa, com força para manter o círculo vicioso em que a família estava secularmente encerrada. Sua autoridade valia tanto para os filhos como para a mulher, que dele dependia economicamente e a quem se submetia de acordo com as regras estabelecidas. A importância do pai, do patrimônio e da religião reduziu, expressivamente, o espaço físico e sentimental da criança.

Até o fim do século passado, historicamente, o pai desempenhava, essencialmente, uma função educadora e disciplinadora, segundo códigos frequentemente rígidos e repressivos. E a interação entre pai e filho era reduzida, particularmente nos primeiros anos de vida, bem como a sua participação nos cuidados diários à criança.

Em seu livro, Marques relata que, depois da II Guerra Mundial e, em consequência de alterações profundas que se deram na sociedade ocidental, com os pais empregados, a composição da família nuclear e as dificuldades econômicas, o pai foi se tornando cada vez mais participativo. Segundo Moraes, com um número de mulheres cada vez maior ingressando no mercado de trabalho e conquistando a independência econômica, ocorreram novos arranjos familiares, com significativa mudança nas relações entre homens e mulheres, como a separação entre papéis conjugais e papéis parentais.

Somente a partir da década de 50, no entanto, é que vários pesquisadores têm se debruçado sobre a relação pai e filho e o processo de vinculação. O papel do pai é reconhecido como muito importante no desenvolvimento da criança e a interação entre pai e filho é um dos fatores decisivos para o desenvolvimento cognitivo e social, facilitando a capacidade de aprendizagem e a integração da criança na sociedade. A experiência clínica tem mostrado que, na vida adulta, as representações dessa vivência insurgem nas várias possibilidades de construção psicoafetiva, com repercussões nas relações sociais. As teorias psicológicas afirmam e fundamentam o papel da figura paterna no desenvolvimento e no psiquismo infantil. É pressuposto da teoria psicanalítica o papel estruturante do pai, a partir da instauração do complexo de Édipo.

Em seu trabalho "Leonardo da Vinci e uma lembrança da sua infância", Freud afirma: "na maioria dos seres humanos, tanto hoje como nos tempos primitivos, a necessidade de se apoiar numa autoridade de qualquer espécie é tão imperativa que seu mundo desmorona se essa autoridade é ameaçada". A privação do pai pode ter consequências graves, a longo prazo, com problemas na modulação e na intensidade do afeto.

As pesquisas demonstram que as crianças que têm pai presente apresentam nível de autoestima superior àquelas que têm pai ausente, com o qual não convivem. O pai é um pilar muito importante no desenvolvimento de qualquer criança. Esta nova configuração social de mudança de papéis na família, com os pais se tornando mais participante da vida dos filhos, possibilita que, além de provedores, estejam também desejando permanecer guardiões das crianças, quando o casal opta pela separação. Esta é uma nova situação social histórica, com a qual casais têm se deparado com frequência. Em decorrência da separação, muitos pais estão solicitando a guarda compartilhada, ou seja, eles querem continuar participando da vida de seus filhos, exercendo o papel de pai, pois um novo perfil de pai foi se configurando. Aquela figura que comumente se via somente nos finais de semana dá lugar a um pai mais participante, envolvido com o dia a dia, com a educação e com o crescimento de seus filhos; mas muitas mães não querem compartilhar os filhos com esse perfil de pai, no caso de casais separados. Ou quando não são separados, há também muitas mães que não concedem este direito ao pai de seus filhos porque não têm confiança em entregar o filho às funções do dia a dia ou porque, simplesmente, querem ter domínio sobre toda a vida do filho. Ainda há, entretanto, também, muitos pais que não estão ocupando este lugar, seja por não desejarem ocupar ou por acreditarem que não podem, por diversos motivos. A literatura, no entanto, aponta que a participação efetiva do pai na vida de um filho promove segurança, autoestima, independência e estabilidade emocional.

Nos dias atuais, um dos maiores problemas na educação dos filhos é a ausência do pai ou de uma figura que o substitua, como já mencionamos acima. A literatura evidencia as modificações na estrutura das famílias contemporâneas, os efeitos negativos da ausência do pai e as repercussões decorrentes dessa ausência, tanto nos aspectos comportamentais quanto nas vivências emocionais. Esses autores relacionam a ausência da figura paterna à produção de variadas expressões de conflitos e sentimentos de culpa nos filhos.

A educação, para ser equilibrada, necessita dos dois progenitores. A função paterna na família é diferente e complementar à materna. As crianças que sentem o pai presente sentem-se mais seguras em seus estudos, na escolha de uma profissão ou na tomada de iniciativas pessoais. A falta de um modelo na educação, masculino ou feminino, implica quase sempre um desequilíbrio, na educação dos filhos.

Frente à tese da necessidade de emPAIderarmos a função paterna, em relação à quantidade de casos que temos visto, tanto nas famílias, quanto nas escolas e na clínica, temos, como profissionais ligadas à aprendizagem e à saúde mental, um grande desafio: orientar as famílias, principalmente as mães que evitam a aproximação do pai com o filho, no sentido de conscientizá-las para a real importância da função paterna no psiquismo infantil e do seu impacto no desenvolvimento cognitivo, social e emocional de seus filhos.

Referências

COSTA J. F. *Ordem médica e norma familiar.* 2. ed. Rio de Janeiro: Graal, 1989.

FREUD, S. Leonardo da Vinci e uma lembrança da sua infância 1910. In: Freud S. *Obras psicológicas completas.* Vol. XI. Rio de Janeiro: Imago,1970, pp. 59 -124.

GOMES A. J.; RESENDE V. R. O pai presente: o desvelar da paternidade em uma família contemporânea. *Psic.: Teor. e Pesq.* 2004; 20(2): pp. 119-25.

MELÃO, M. *Família e sociedade: diálogos interdisciplinares.* São Paulo: Casa do Psicólogo, 2018.

MORAES M. A estrutura contemporânea da família. In: COMPARATO, M.C.M.; MONTEIRO, D.S.F. (org.). *A criança na contemporaneidade e a psicanálise.* Vol. I. São Paulo: Casa do Psicólogo, 2001.

10

CHEGUEI EM CASA COM MEU BEBÊ. E AGORA?

Minha inspiração para escrever este capítulo foi poder dar luz a uma fase extremamente relevante na vida de um ser humano: a primeiríssima infância e a marcante relação entre a mãe e seu bebê, ou os pais e seu bebê.

ELIZABETH WERDT WAKIM

Elizabeth Werdt Wakim

Contatos
bethwerdt@hotmail.com
Instagram: @bethwakim.psi

Psicanalista, membro da Formação Freudiana do Rio de Janeiro/RJ e sócia fundadora do Espaço Apprendere, com atendimento a famílias, crianças e adolescentes. Pós-graduada em Psicopedagogia Clínica e Institucional pelo Instituto Isabel; graduada em Pedagogia pelo Instituto Isabel; e em Letras (Português – Literaturas), pela UVA. Psicopedagoga institucional na Escola Carolina Patrício desde 2002.

Alguns sentimentos permeiam a experiência inicial da relação entre a mãe e o bebê nesse momento tão ímpar: orgulho, medo, amor, insegurança, felicidade, realização. Todos são legítimos, não existe certo ou errado. E cada pessoa viverá esse momento de acordo com sua história, vivência e circunstância de vida que atravessa.

Uma série de experiências novas, jamais vividas antes, serão vivenciadas por você e seu bebê, e uma nova relação começará a se estabelecer. O início dessa relação pode também variar de pessoa para pessoa – para algumas, começa antes do nascimento, com o bebê ainda na barriga; para outras, acontece no momento que tem o bebê nos braços, ou até alguns dias depois de chegar em casa da maternidade.

É a partir dessa relação que muitos recursos por parte do bebê serão criados e farão diferença em toda a sua vida.

Antes de prosseguir, gostaria de fazer um combinado com você, leitor. Toda vez que aparecer a palavra **mãe**, ela estará em negrito para lembrar que fará referência a uma função de **mãe**, que pode ser exercida pela própria **mãe**, pai, avós, ou outros adultos.

A função de **mãe** é bastante específica e diz respeito ao que é imprescindível para que uma criança se desenvolva da melhor forma possível física e psiquicamente.

A nossa cultura trouxe, desde o senso comum, um elevado ideal acerca da relação **mãe**-bebê, como se toda maternidade já trouxesse um amor puro, natural, desinteressado e que a mulher se completaria assim após ter seu bebê (JERUSALINSKY, 2014). Mas a clínica psicanalítica, com suas decorrentes, teorizações abriu as portas para conceber a maternidade, de um modo geral, "como uma fundação não garantida, por condições naturais, mas decorrente de um laço simbólico com o bebê" (JERUSALINSKY, 2014).

Por isso, não se pode ter um saber prévio antes desse encontro, no qual muitas lembranças e afetos entrarão em cena. Da mesma forma que os bebês humanos chegam totalmente desamparados com sua prematuração em relação aos outros animais e não será por meio do instinto que ingressarão na vida, as **mães** também não têm essa garantia por meio de aparatos instintivos.

Os bebês se tornarão seres sociais e de linguagem somente se tiverem um outro humano, que, na mais tenra idade, vá lhes apresentando esta linguagem – não é algo que já esteja programado e que possa acontecer de maneira instintiva. Assim também ocorre com as mães que enfrentarão a função de cuidar de um bebê. Não será automático, não está programado instintivamente, acontecerá a partir da experiência do encontro, a **mãe** será afetada por esse encontro, sem que lhe expliquem antecipadamente o que sentirá ao ser **mãe**, pois essa experiência é única.

> *A maternidade não é nem da ordem do sabido naturalmente por instinto, nem do que pode ser instruído por meio da erudição, tampouco do que é imanente de um senso comum espontâneo. É uma experiência que convoca o saber inconsciente e que, assim sendo, depende de uma transmissão e também de uma criação singular que implica subjetivamente cada mulher no exercício da maternidade. Ou seja, ao mesmo tempo que a maternidade implica uma repetição inconsciente entre gerações, também diz singularmente da invenção que pode ter lugar para uma mulher a partir da experiência da maternidade.*
> (JERUSALINSKY, 2014)

Enquanto, por um lado, a maternidade é um aprendizado, por outro lado, diferentemente de outros animais mamíferos, o bebê necessita de outro ser humano para construir significados, sentidos e experimentar emoções humanas.

Freud, em 1913, já destacava a influência exercida, na saúde psíquica, das impressões marcadas nesses primeiros tempos da infância, sobretudo no que diz respeito aos afetos que marcam o corpo.

Freud afirma:

> *A psicanálise foi obrigada a atribuir a origem da vida mental dos adultos à vida das crianças e teve de levar a sério o velho ditado que diz que a criança é o pai do homem. Algumas descobertas notáveis foram efetuadas no curso dessa investigação da mente infantil. Assim foi possível confirmar – o que já fora muitas vezes suspeitado – a influência extraordinariamente importante exercida pelas impressões da infância (e particularmente pelos seus primeiros anos) sobre todo o curso da evolução posterior.*
> (FREUD, 1996, p.191).

Para que o bebê desenvolva o sentido de sua própria existência, precisará passar por vários processos, tanto em seu próprio corpo como também pelo corpo de quem o cuida. A figura materna será o principal ponto de partida. E "é na busca dessa gradativa experiência de continência que o bebê poderá confiar corporalmente e psicologicamente em sua sobrevivência" (FONTES, 2014).

Donald Woods Winnicott se destacou nos estudos de Pediatria e Psicanálise desde a década de 1940, no campo do desenvolvimento psicológico da relação entre o bebê e a mãe nos primeiros meses de vida.

Um estado superespecial

Winnicott, por entender que esses primeiros dias da **mãe** com seu bebê comportam um estado diferente, resolveu dar-lhes um nome especial: **Preocupação Materna Primária**. Ele diz que este estado é caracterizado por uma sensibilidade exacerbada, que se acentua ao final da gravidez e perdura algumas semanas após o nascimento do bebê. É um estado comum e esperado. É um estado de disponibilidade total. É como se a mãe e o bebê fossem um só. Essa indivisibilidade "corporal" entre eles é saudável e necessária, neste primeiro momento.

Para exercer a função materna, a **mãe** precisa identificar-se com o bebê. É exigida uma grande dedicação por parte dela, pois ao longo dos primeiros meses de cuidado com o bebê se estabelece uma situação "na qual, em grande medida, ela é o bebê e o bebê é ela. Não há nada de místico nisso. Depois de tudo, ela foi bebê alguma vez [...] também tem lembranças de ter sido cuidada, e estas lembranças ajudam ou interferem em suas próprias experiências como **mãe**" (WINNICOTT, 2019).

O bebê humano traz tendências inatas ao desenvolvimento, mobilidade e sensibilidade. A **mãe,** que desenvolve esse estado de **Preocupação Materna Primária,** fornece um conjunto de possibilidades, motivações, condições e experiências de acolhimento que faz fundar a percepção da existência desse bebê.

Se a mãe proporciona uma adaptação "suficientemente boa" à necessidade do bebê (WINNICOTT, 1983), não haverá excessos, seja de falta ou de uma presença intrusiva da mãe.

No início, essas necessidades são corporais. O bebê busca o seio e ensaia os primeiros olhares para o rosto da **mãe**. Ao ser acalentado, receber o toque da **mãe**, tomando banho ou estando junto ao seu corpo, percebe ritmos de seu coração e de sua voz.

Isso tudo compõe o ambiente facilitador e acolhedor criado pela **mãe** como a maneira de segurá-lo e a maneira de manuseá-lo. O que importa é toda a leitura que o bebê faz dessa situação. Como descrito de maneira poética na palestra proferida por Ariane Souza (Simpósio de Psicopedagogia do Sudeste, 2021): o bebê interpreta um texto vindo dessa mãe. Ele mama o leite, o cheiro. Ele mama os sons, olhares. Ele mama ser tocado, acariciado.

Esse corpo a corpo é tão intenso que o bebê ainda se sente misturado com sua **mãe**, como se fosse um só com ela. Assim vai se constituindo, silenciosamente, o ego. Quando o bebê sente o desconforto da fome e a **mãe** lhe dá de mamar; ele sente o desconforto do frio e a **mãe** percebe e o cobre; é desta forma que ele vai adquirindo confiança no mundo externo.

Segundo Winnicott (1983), esse fornecimento, por parte da **mãe**, "de um ambiente suficientemente bom na fase mais primitiva capacita o bebê a começar a existir, a ter experiências, a construir um ego pessoal, a dominar os instintos e defrontar-se com todas as dificuldades inerentes à vida".

Adaptação à realidade

O bebê tem o instinto de mamar, a **mãe** tem no seio o poder de produzir leite e a ideia de que ela gostaria de satisfazer a fome do bebê faminto. Este encontro pode resultar no primeiro vínculo estabelecido pelo bebê com um ambiente externo. A **mãe** deve prosseguir fornecendo ao bebê esse tipo de experiência. Ele começa a saber que, quando ele chora, a **mãe** o acolhe, e usa outros meios para chamá-la e suprir suas necessidades. Aos poucos o bebê se percebe um outro e começa a construir seu próprio ego.

A socialização do bebê acontece a partir do sentido de distanciamento da **mãe**. Existe um limite de tempo em que ele pode suportar ausência. E com isso a **mãe** vai retomando a sua vida, a sua personalidade. Em torno dos cinco a seis meses de vida, o bebê aprende que a **mãe** é outra pessoa, ao mesmo tempo que começa a sofrer quando ela demora. Nessa fase, a **mãe** já pode frustrar paulatinamente o bebê, para que ele possa fazer outros vínculos. O importante é manter esse processo de alternância entre presença e ausência. No rumo do processo de separação entre a mãe e o bebê, uma terceira pessoa pode vir a entrar na relação e ocorrer uma socialização propriamente dita.

Um objeto que representa a mãe

Winnicott valoriza a importância de um objeto que funcione como uma representação da mãe, o chama de **objeto transicional**. Pode ser um pedacinho de pano, um travesseirinho, um brinquedo ou qualquer outro objeto escolhido pelo próprio bebê. Este evento é valorizado no processo de independência da criança em relação à mãe.

Enquanto a **mãe** está ausente, por certo tempo, o **objeto transicional** consola o bebê. Embora seja externo, do ponto de vista do bebê, o objeto se confunde com um sentido interno de representação e união com a **mãe**.

Aos poucos, esse objeto vai perdendo o investimento emocional e se enfraquece a transferência realizada, isso porque o bebê passa a olhar e se interessar por outras coisas, outras pessoas, outras imagens, outros cheiros, outros sons, vozes, cores, sensações e emoções. O sentimento que se concentrava representado naquele objeto vai se ampliando para o mundo ao seu redor, e o bebê vai assim construindo seu próprio eu.

Referências

FONTES, I. et al. *Virando gente: a história do nascimento psíquico*. São Paulo: Ideias & Letras, 2014.

FREUD, S. *Totem e tabu e outros trabalhos – volume XIII*. Edição Standart brasileira. Rio de Janeiro: Imago, 1996.

JERUSALINSKY, J. *A criação da criança: brincar, gozo e fala entre a mãe e o bebê*. 4. Reimpressão. Salvador: Ágalma, 2014.

WINNICOTT, D. W. *O ambiente e os processos de maturação: estudos sobre a teoria do desenvolvimento emocional*. Porto Alegre: Artmed, 1983.

WINNICOTT, D. W. *A família e o desenvolvimento individual*. São Paulo: Martins Fontes, 2005.

WINNICOTT, D. W. *O brincar e a realidade*. São Paulo: Ubu Editora, 2019.

WINNICOTT, D. W. *Os bebês e suas mães*. São Paulo: Martins Fontes, 2006.

11

EM DEFESA DA BRINCADEIRA

UMA REFLEXÃO SOBRE A IMPORTÂNCIA DO LÚDICO NAS ESCOLAS

O capítulo é um convite aos pais e educadores para refletirmos sobre a importância da brincadeira como recurso fundamental no desenvolvimento emocional e na aprendizagem da criança. Muitas vezes negligenciado em função de metas de desempenho estabelecidas pelos adultos, o brincar traz estímulos motores e psíquicos. O texto também aborda o fracasso da escola ao culpabilizar alunos que não se enquadram nos padrões exigidos para a construção de um sujeito neoliberal.

FERNANDA DONETTO GUEDES

Fernanda Donetto Guedes

Contatos
fedguedes@gmail.com
21 98121 2196

Formada em Comunicação Social pela PUC-Rio, tem pós-graduação em Administração na FGV e MBA em Estratégias e Ciências do Consumo pela ESPM. Como publicitária, ao trabalhar nas maiores agências do ramo, descobriu o quanto observar o comportamento humano, lidar com as questões emocionais, psíquicas e relacionais era uma vocação. Além de cursar Psicologia na UNESA, também é formada em Psicopedagogia pela UVA e psicanalista pelo Instituto Távola. Atualmente, seu campo de pesquisa está ligado à educação com um olhar psicanalítico.

Em qual parte da vida nos esquecemos de brincar e passamos a levar tudo tão a sério? Isso ocorre até na hora de fazermos escolhas para nossos filhos, pois negligenciamos que eles são capazes, à sua maneira, de manifestar o que sentem, pensam e desejam. Ao ignorarmos o indivíduo que habita a criança, é provável que o estejamos desconsiderando, ao promovermos determinações rígidas, seja no campo psíquico ou biológico.

Certa vez escutei em um documentário intitulado *Tarja Branca* que as brincadeiras são como estações. Mudam de acordo com a fase da vida em que o sujeito se encontra. De fato, essa premissa faz sentido para os que estudam o desenvolvimento infantil articulado às instituições família e escola.

Quando bebê, por exemplo, o brincar está associado ao seio da mãe. Trata-se da interação com o outro que o embala cantando, que toca o seu corpo fazendo senti-lo como seu. Aos poucos, ele vai se integrando aos objetos ao seu redor, por exemplo, na observação de seu entorno, admirando as formas e cores dos objetos. Ainda se entretém com seus próprios movimentos e com os sons que emite.

Mais à frente chegam os brinquedos tradicionais e o toque se torna uma nova descoberta. Na verdade, mãos e boca interagem. Se antes era necessário que alguém lhe trouxesse o seio para se divertir e, consequentemente, se alimentar, agora é capaz de, com suas próprias mãos, saborear todas as novas texturas: paninho, borracha e plástico são bem-vindos.

Alguns meses passam e, agora, a criança está a se admirar com a experiência de deixar os brinquedos caírem até que alguém os recupere para que possa novamente repetir o jogo um sem-número de vezes. E entre tantas experiências, há a brincadeira de se esconder atrás da fraldinha. Quando a praticamos, a criança imagina que sumimos para sempre, até que ressurgimos atrás do pano para a sua surpresa e alegria. Essa brincadeira perdura até que ela construa o conceito de permanência, ainda que o objeto não seja visto por ela.

No decorrer da infância, presenciamos as brincadeiras em suas formas mais comuns, seja nos baús repletos de brinquedos ou nos jogos, piques e demais interações com outras crianças e adultos. Quando nos tornamos adultos, nos parece que a ideia de brincar não é bem aceita. Escutamos por diversas vezes o termo "brincar" ou "brincadeira" serem usados de maneiras pejorativas, como: "você só pode estar brincando comigo..." ou "isso só pode ser uma brincadeira!". Quando crescemos, a ideia de brincar parece tão distante de nossa realidade, possivelmente porque não dispomos mais do objeto brinquedo como representante do ato em si. Mas a verdade é que jamais deixamos de brincar, seja nas atividades físicas e manuais ou *hobbies* e joguinhos baixados do celular.

Independentemente da "estação", a brincadeira nos é permitida em qualquer fase da vida por meio de seus recursos lúdicos, de interação e como estímulo motor e psíquico. É a partir dessa prática, seja individual ou coletiva, que entramos em contato com os outros objetos e o mundo externo, permitindo o desenvolvimento do nosso eu.

O psicanalista inglês Donald Woods Winnicott, em seu livro *O brincar e a realidade*, discorre exatamente acerca da importância do brincar visando ao desenvolvimento da criança. Gostaria de salientar um trecho no qual o autor destaca: "[...] é a brincadeira que é universal e que pertence ao âmbito da saúde: o brincar promove o crescimento e, portanto, a saúde; brincar leva aos relacionamentos de grupos; brincar pode ser uma forma de comunicação" (WINNICOTT, 2020, p. 74). Portanto, podemos afirmar que brincar representa alegria. É o sim à vida. É a pulsão de vida. É na brincadeira que encontramos nossas potências.

Entendendo a importância do brincar na constituição do sujeito, volto à pergunta inicial: em qual parte da vida nos esquecemos de brincar e passamos a levar tudo tão a sério? Acredito que muitos de vocês estejam pensando: "é um processo natural da vida, parar de brincar conforme o ano na escola vai passando e a idade aumentando. Faz parte do crescer". Se pensarmos na sociedade na qual vivemos, podemos nos certificar de que talvez seja natural mesmo. Porém, por um olhar mais crítico, percebemos que esse processo é o resultado da formação de um sujeito neoliberal.

Nos primeiros anos, as crianças adoram ir para a escola. Lá é o espaço de desenvolvimento onde tudo é novo. A interação com outras crianças e o aprender ocorrem nas brincadeiras: música, massinha, cola e papel colorido, canetinha, lápis de cor, tinta e giz.

Conforme os anos escolares vão passando, as canetinhas e lápis de cor dão lugar à caneta azul ou preta e o lápis comum. As interações com os amiguinhos se restringem à hora do recreio e, por consequência, o colégio se torna um lugar mais chato devido à diminuição dos recursos lúdicos. Entretanto, eles ainda se mantêm na aula de artes e educação física, podendo ainda aparecer em uma ou outra aula, dependendo do educador. Mas, no geral, o que é exigido é um desempenho máximo dos alunos, caracterizado por momentos de foco total nos professores. Qual aluno nunca escutou da professora a clássica frase: "Pare de conversar. Sente-se direito e olhe para a frente!".

Nós já estamos tão acostumados a esse ciclo que não paramos para questionar como foi ser estudante nesse processo, apenas reproduzimos essas escolhas com nossos filhos. Aparentemente, todo esse processo faz sentido para nos encaixarmos na sociedade na qual vivemos. Afinal, se não fosse dessa forma, como seria o futuro?

Por meio de uma busca rápida de significados no Google, percebemos que o futuro seria o tempo que se segue ao presente. Mas e o presente, o que é? Não raro, ele é esquecido de ser visto e vivido em detrimento desse tal de futuro. Escutamos pais e até mesmo pessoas que ainda não têm filhos planejando todo o futuro daquela criança a partir de uma mera idealização. A escolha de uma escola perfeita. Se tiver nome de santo, então! Melhor ainda. Há sempre a aposta de que as escolas "santas" ou internacionais garantirão aos filhos a melhor vaga nas faculdades e, por consequência, melhor colocação no mercado de trabalho. Muitas vezes aquela criança nem gerada foi, mas a sua cadeira de CEO já está reservada nos sonhos dos pais.

É sobre esse futuro que conclamamos vocês a refletirem. Será que para cumprir os nossos anseios pessoais e sociais vale não escutarmos aquela criança do presente? Ou, conforme abordado anteriormente, é válido fazermos escolhas, geralmente rígidas, para uma pessoa ainda em formação psíquica e biológica?

É difícil nos desprendermos desse movimento de medir capacidade e desempenho pelas avaliações; como sujeitos neoliberais, ao mesmo tempo que dispomos da sonhada liberdade, nos encontramos presos às concorrências e à eterna competição consigo e com o outro. Entretanto, a real liberdade existiria sem competições, ao escutarmos quem é aquela criança e o que ela vivencia no momento para, a partir de então, tomarmos as melhores decisões para o seu desenvolvimento pessoal e intelectual. Sem haver tanta exigência de *performance* pelos pais, as escolas poderiam ensinar de maneira mais lúdica por meio do brincar, respeitando a individualidade dos alunos, além de incentivar o autoconhecimento.

Como essa relação de pais e escola ainda se encontra no campo utópico, precisamos voltar para as questões escolares vividas atualmente pelas crianças. O ideal de superdesempenho em todas as matérias passa pela obtenção de notas maravilhosas, visando ao sucesso escolar como garantia de um futuro brilhante.

Sabemos que as escolas miram resultados desde cedo, visto que as crianças são ensinadas a fugir do chamado fracasso escolar. A busca é pelo melhor desempenho possível no quesito rendimento escolar. Quando a instituição avalia que o aluno não está se saindo conforme o esperado, em geral, ele não é olhado de modo individualizado. Daí a minha crítica.

Cada aluno tem a sua história e até mesmo a sua pré-história, o que irá constituí-lo como pessoa e, por conseguinte, como estudante. Quando apresenta alguma dificuldade, geralmente refletida por uma nota baixa, agitação, falta de concentração e de socialização, entre outros sintomas, a escola não o olha de maneira individual por conta da padronização de um massificado sistema escolar. A partir do esforço sobre o que leva ao chamado fracasso escolar, são feitos os encaminhamentos na busca de diagnósticos.

Nesse ponto, gostaria de chamar a atenção de pais, pedagogos, psicólogos, psicanalistas e psicopedagogos. É preciso muito cuidado nas escolhas e indicações dos médicos que investigarão e diagnosticarão. O que vemos hoje é uma padronização de diagnósticos e medicações que iguala crianças e, até mesmo, adolescentes e adultos. Portanto, é necessário que se priorize a escolha de profissionais e escolas que trabalhem com olhar mais individual.

A nossa preocupação quanto ao excesso de diagnósticos é que, a partir deles, as crianças passam a ser medicadas e, com isso, taxadas e culpabilizadas. Além das crianças, suas famílias também passam a viver esse cenário de culpa e angústia relacionado ao diagnóstico estabelecido.

Outro ponto preocupante sobre esses diagnósticos excessivos reside na medicalização. Medicalização nada mais é que um processo artificial de transformar questões não médicas em problemas médicos. Ou seja, a partir disso, cria-se a problemática de não olhar para si ou para o outro de acordo com a conjuntura. Assim que algo foge da suposta normalidade, ministram-se medicamentos para tamponar o sofrimento. Na medida em que silenciamos os sintomas, não damos espaço para que a criança possa falar de sua dor e ressignificá-la em busca de uma vida mais expansiva.

Daí a importância da escolha da escola, pois, na maioria das vezes, são elas que fazem os encaminhamentos. Se possuem o olhar voltado apenas para o desempenho, buscando um padrão de comportamento e não vislumbrando o sujeito a partir da sua história, se tornam instituições causadoras de dificuldades de aprendizagem e sintomas. Se a escola visse o aprendizado como formação do sujeito, os casos de ansiedade e, consequentemente, o uso de medicamentos poderia ser menor.

Vemos, portanto, que o brincar é uma questão que se perpetua nas esferas escolares e do cotidiano, se fazendo presente na constituição do sujeito e sua instância psíquica. Porém, as escolas estão focadas no desempenho e lutam contra o "monstro" do fracasso escolar que, muitas vezes, é causado por ela mesma, justamente pela falta do brincar, de um ensino lúdico.

O que é alarmante é a consequência desse ensino rígido e sem recursos lúdicos, constituindo sujeitos diagnosticados, cada vez mais cedo, com algum tipo de transtorno, como *déficit* de atenção e hiperatividade, transtorno opositor desafiador, transtorno de conduta, entre outros.

A problemática, portanto, é complexa, pois envolve um excesso de diagnósticos e o uso de medicamentos, além do efeito dessas drogas ao longo dos anos no organismo. Sem contar a incorporação das características desses transtornos, visto que são patologias identificadas por médicos. Ou seja, a criança passa a ser aquele transtorno e tudo que saia do controle é justificado por tê-lo.

Acreditando que a escola é o vetor no encaminhamento para diagnósticos, pensamos que cabe uma reorganização das instituições em prol do desenvolvimento de crianças mais saudáveis. A partir das brincadeiras associadas ao conteúdo, a tarefa de aprender se torna mais lúdica. É importante ainda salientar que exista o respeito ao desenvolvimento no devido tempo do indivíduo, visando amenizar as ansiedades e expectativas que levam pais e escolas a procurar ajuda profissional.

A pressão de desempenho efetuada pela escola em seus alunos, em verdade, é fruto da demanda da sociedade, na qual há o sujeito neoliberal, isto é, um sujeito empreendedor de si. Há uma procura dos pais por essas escolas que têm resultados, pois o objetivo é preparar os filhos para serem indivíduos livres. Entretanto, trata-se de uma liberdade na qual devem estar preparados, pois lidarão todo o tempo com uma concorrência em que eles terão que obter o resultado mais eficiente.

Sabemos que os pais estão sempre na busca do que consideram ser melhor para seus filhos e essa visão da sociedade neoliberal parece a mais coerente no momento. Porém, é preciso ressaltar que a escola não é constituída por pais. É formada por pedagogos, psicopedagogos e psicólogos, dentre outros profissionais, que estudam o valor da brincadeira e do lúdico na aprendizagem e na formação do indivíduo. Portanto, conclamamos que esses profissionais reflitam sobre a forma como o ensino é conduzido hoje. Consideramos que esse sistema não é saudável para o aluno de hoje nem para o adulto de amanhã.

Tendo em vista toda essa reflexão, aos pais fica o alerta para que a escolha da escola passe pelas necessidades do presente. Uma instituição que valorize a educação e o desenvolvimento a partir do lúdico e do olhar individualizado para um ser em formação.

12

NEM AMSTERDÃ, NEM BEIRUTE
BEM-VINDE AO MUNDO DA PESSOA COM DEFICIÊNCIA!

Sob a forma de carta e em tom de conversa, este capítulo tem como objetivo introduzir pais e cuidadores principais ao universo da pessoa com deficiência. A proposta
é desmistificar a questão, mostrar que essa condição não é um bicho de sete cabeças
e indicar material para consulta e informação.

FLAVIA PARENTE

Flavia Parente

Contatos
www.flaviaparente.com.br
flaviaparente2017@gmail.com
Instagram: @psi.flaviaparente

Psicóloga (PUC-Rio) e especialista em terapia de família e casal pela Pontifícia Universidade Católica do Rio de Janeiro (PUC-Rio). Tem formação em Amadurecimento Lúdico pelo Espaço Néctar (RJ) e em Abordagem Pikler pela Associacion Pikler Lóczy France (APLF) e Entrelaços da Infância (RJ). Cursou "Sintonizando com crianças", com Alê Duarte. Em formação em Diálogos Abertos pelo Instituto Noos-SP. Integrante do Paratodos, movimento que visa à promoção da inclusão da pessoa com deficiência. Coordenadora e professora do curso de pós-graduação em inclusão da pessoa com deficiência na PUC-Rio (CCE). Autora do livro infantojuvenil *O diário de Josephine* (2021), que aborda dislexia e TDAH.

Queride,

Escolhi escrever em forma de carta não apenas para poder estar o mais próxima possível de você, mas também porque muitos pais[1] de crianças com deficiência recebem um texto clássico, escrito por Emily Pearl Kingsley, em 1987: *Bem-vindo à Holanda*. Se você não o conhece, vou logo avisando: aí vem *spoiler*. Era uma vez uma pessoa que sonhou a vida toda em conhecer a Itália. Aprendeu italiano, decorou mapas, estudou itinerários e planejou todos os detalhes. Um dia, comprou os bilhetes e embarcou... Tudo ia bem até que o comandante anuncia: vamos aterrissar em Amsterdá! Como assim? Havia algo estranho e fora do lugar. De uma hora para outra, tudo mudou: a língua era mais complicada, as roupas não eram adequadas, nunca havia visto o mapa da Holanda. É um pouco assim que os pais se sentem ao receber o diagnóstico de que seu filho tem deficiência. Estão nadando em mar bravio e desejavam estar em terra firme. Este texto é um clássico porque a escritora demora um bocadinho, mas acaba se encantando com a beleza das tulipas, moinhos e canais que percorrem aquele país até então desconhecido. Aos poucos, se vê absolutamente apaixonada por aquele lugar e suas pessoas. No fim da carta, a autora dá um conselho: se você continuar a sonhar com a Itália, nunca vai conseguir apreciar as belezas da Holanda.

Então, queria lhe dar as boas-vindas e convidá-le a embarcar comigo nestas terras cheias de mistérios, mas adoráveis. Isso não quer dizer que será tudo uma maravilha. Uma amiga diz que, na verdade, a carta deveria ser de boas-vindas a Beirute. Para mim, não é uma coisa nem outra. Tudo depende de como você optar por ver a vida – é uma decisão e você pode escolher ver a beleza e a riqueza da singularidade de sua criança. Caminho fácil? De jeito nenhum, mas possível.

1 No texto, utilizo indistintamente "pai" e "mãe" para me referir às pessoas responsáveis pelo cuidado principal das crianças, assim como, por vezes, uso "filho" para me referir a essas crianças, considerando as múltiplas formas de configurações familiares.

E antes que você me pergunte: não, não tenho filho com deficiência. Estudo o assunto, me importo com a questão, integro um movimento que busca o desenvolvimento da cultura inclusiva[2], conheço muitas realidades e trabalho no campo como psicóloga de familiares. Este é meu lugar de fala. Não sou mãe de pessoa com deficiência, mas posso imaginar como seja. É aqui que entra a empatia.

Não sei se percebeu, mas chamei você de queride e usei convidá-le. Achou mais uma vez estranho? Pois é… Quando o mundo da deficiência chega, aprende-se mais sobre o que é diversidade. Essa questão não está relacionada ao número de pessoas e sim à representatividade e ao conceito de minoria. Você sabia que uma entre sete pessoas no mundo tem deficiência? Então, por que não há uma entre sete no seu grupo de amigos, academia ou local de trabalho? A resposta é simples: porque não há uma em sete na escola.[3] Normalmente, quando se fala em inclusão de minorias, se pensa em etnia ou gênero. Não há muita preocupação com a pessoa com deficiência. Já tinha reparado nisso?

Outro assunto, para muitos "mimimi", é terminologia. O uso adequado das palavras faz uma enorme diferença e reflete a história do movimento de luta pelos direitos da pessoa com deficiência, que é importante você conhecer. Usar a expressão "pessoa com deficiência"[4] tem, pelo menos, duas intenções de fala. A primeira é reconhecer que a pessoa não é deficiente, incapaz, especial[5], anormal, doente, coitadinho ou super-herói. Ela é uma pessoa antes de tudo; a deficiência é uma condição ou característica, que não a define. A segunda é honrar o percurso de quem foi, até recentemente, excluído da sociedade.

Ter um ente querido com deficiência não transforma você, necessariamente, num ativista. Há, inclusive, quem evite utilizar a palavra luta para não despertar o sentimento de pena ou associar a deficiência à superação de obstáculos. Então, não precisa ser ativista, mas, se quiser, venha! Aliás, conhecer os direitos da pessoa com deficiência é sempre muito útil.[6]

---

2 O Paratodos (https://www.paratodos.net.br/).

3 Ver *Educação Inclusiva*. Campanha regional da RREI. 2018 (https://www.youtube.com/watch?v=buGbY-mO85pk).

4 Termo utilizado e definido pela ONU na Convenção Internacional sobre os Direitos da Pessoa com Deficiência (2007), incorporado ao direito brasileiro pelo Decreto 6.949/2009.

5 Para quem usa o termo, sugiro assistir ao vídeo da campanha Not special needs, just human needs (https://www.youtube.com/watch?v=rsjnHCZOfg8).

6 Ver BRASIL. Lei n. 13.146, de 6 de julho de 2015. Institui a Lei Brasileira de Inclusão da Pessoa com Deficiência (Estatuto da Pessoa com Deficiência).

Gosta de ler? Corra para conhecer *Longe da Árvore*, de Andrew Solomon. Vai morar na sua cabeceira. O próprio autor se intitula alguém "fora do padrão" por ser homossexual. Vale a pena assistir à sua palestra TED, em que dá apenas um único conselho aos pais que têm filhos "diferentes" ou "atípicos": ame-os incondicionalmente.

Se tivesse que encerrar aqui este texto, o recado já teria sido dado. Pode parecer piegas, mas é fundamental amar seu filho como ele é. Não se prenda à imagem do filho idealizado[7] – dê todo o amor que puder para seu filho real, aquele que está ali e que depende de você para se sentir querido e para se constituir como sujeito feliz, seguro de si e do afeto de seus pais.[8] Com esta certeza, com este ingrediente secreto, você vai ver: seu filho vai longe. Veja a Temple Grandin. Não sabe quem é? Tudo bem, você não precisa saber de tudo. Mas faça uma pesquisa, assista ao filme sobre sua vida, leia um de seus livros (gosto especialmente de *O cérebro autista*). Será uma ótima maneira de se familiarizar com o lema "nada sobre nós sem nós".[9] Isso é o que se conhece como protagonismo das pessoas com deficiência. Se quiser um exemplo brasileiro, assista a *Meu nome é Daniel*.[10] Não pense, contudo, que todos serão referências internacionais ou nacionais. Seu filho não precisa ser astro; ele precisa ser reconhecido e valorizado fundamentalmente por você. Isso é o que importa de verdade.

Ah, sim, – usei aspas em um dos parágrafos anteriores, porque não gosto das palavras "diferente" e "atípico", já que elas pressupõem a existência de uma situação normal. Está na hora de questionar os padrões e entender que a diversidade é um valor e deve ser encarada como algo a ser desfrutado. Lambuze-se com esse tempero que brinca com seus sentidos e lhe apresenta um sabor novo. Amplie os horizontes. De mais a mais, procurando bem, quem é normal? Diagnóstico é muito útil para permitir o acesso a determinados direitos. No entanto, não deve ser um rótulo ou uma prisão. As pessoas não são encaixotáveis e não dá para generalizar.

Como disse, poderia ter parado no conselho de Solomon: ame seu filho. No entanto, acho importante destacar que a criança com deficiência é criança. Isso pode parecer óbvio, mas, muitas vezes, quando se está mergulhado nesse

---

7 Algumas pessoas, nessas circunstâncias, experimentam uma sensação similar ao luto. Isso é normal.

8 Sobre o conceito de base segura e teoria do Apego, ver BOWLBY, John. Formação e rompimento dos laços afetivos. 5 ed. São Paulo: Martins Fontes, 2015.

9 Ver documentário Crip Camp: revolução pela inclusão, de Nicole Newnham and James LeBrecht, 2020.

10 Meu nome é Daniel. Direção de Daniel Gonçalves. Olhar Distribuição, 2018.

universo, pode-se esquecer dessa premissa básica. Assim, a criança com deficiência tem todos os direitos que as demais e alguns outros específicos, que vou propor que sejam chamados de "os direitos das crianças com deficiência". São os seguintes:

- Ser o que é.
- Ser diferente.
- Não ser o que os responsáveis principais esperam dela.
- Ser considerada um sujeito e não um projeto a se concretizar.
- Ser amada como é.
- Ser mais do que um diagnóstico.
- Ser considerada maravilhosa[11] por pelo menos uma pessoa no mundo.
- Brincar e não viver correndo de uma terapia para outra.
- Aprender e frequentar uma escola regular com as demais crianças.
- Crescer e não ser infantilizada.
- Ter as mesmas oportunidades que as demais crianças.
- Ser incluída de fato na vida em sociedade e não apenas perante a lei.
- ter sonhos.

Embora não existam receitas de bolo, há ainda algumas dicas que gostaria de compartilhar com você:

- É importante pensar na vida adulta de sua criança desde o recebimento do diagnóstico. Pense agora em questões relacionadas à educação, à moradia e a trabalho. É você quem vai apresentar o mundo a seu filho; sua constituição psíquica depende da qualidade dos seus cuidados. Portanto, mãos à obra!
- Você é responsável pelo cuidado de sua criança e não terapeuta. É lógico que você vai fazer um monte de coisas recomendadas por profissionais, mas todo mundo precisa de uma folga. Se você se ocupar o tempo todo com os cuidados específicos de seu filho, não vai ter tempo de simplesmente deixar-se levar por seus instintos e ser o que é. Não precisa conhecer todas as técnicas, estar por dentro dos mais recentes artigos científicos etc. Aliás, cuidado: é impossível esquecer os *sites* de buscas, mas, por favor, filtre. Confie nas pesquisas acadêmicas, artigos científicos, informações de associações sérias e não nas últimas supostas descobertas divulgadas em grupos de redes sociais. Há muitos modismos, achismos e dados não comprovados nesta área. Encontre profissionais de sua confiança e siga em frente. Ah, guarde também as informações boas. Há muitas pessoas com deficiência com vida plena afetiva, pessoal e profissionalmente.
- Um conceito fundamental, desenvolvido pelo pediatra e psicanalista inglês Donald Winnicott, é o de "mãe suficientemente boa". Isso significa que você não precisa ser perfeita; basta não errar muito e com frequência.

---

11 Como propõe Auggie, protagonista do livro *Extraordinário*, de R. J. Palacio, que deu origem ao filme de mesmo nome. Há versão do livro para crianças menores.

A possibilidade de algumas vezes falhar nos torna seres humanos e não divindades do Olimpo.

• Não, você não fez nada de errado. É muito comum surgir o sentimento de culpa ao receber o diagnóstico de deficiência.

• Veja a potência, o que a criança tem e não o que lhe falta. Observe os pequenos detalhes[12]. Se apurar o olhar, vai enxergar coisas incríveis.

• Tenha vida própria. Não se esqueça de quem você é, nem de quem está ao redor. A deficiência é uma condição que gera impactos em toda a família. Observe todo o sistema familiar e veja qual é a prioridade no momento.

• Rede, rede, rede. Monte a sua ou faça parte de uma. É incrível como se aprende com nossos pares, com outras pessoas que viveram experiências semelhantes e que podem repartir conosco suas vivências. Uma rede de apoio nos ajuda a caminhar e, muitas vezes, é um acalento saber que trilhas já foram abertas. Isso nos poupa energia e recursos. Partilhar suas próprias experiências também pode fazer que se sinta útil. Um dos aspectos mais bonitos do cuidado é a reciprocidade – dar e receber.

• Rede não precisa ser apenas de pares. Muita gente fala sobre a solidão das mães de crianças com deficiência – é verdade, mas podemos dar o primeiro passo. Pense que talvez alguém não convide sua criança para a festa do pijama por ter receio de não saber como lidar com ela. Desmistifique esse tabu conversando francamente sobre o assunto. Tudo bem não saber como lidar com algumas questões. Essa é a riqueza de convivermos com a diversidade desde cedo. Com gentileza e informação, a gente vai construindo, aos poucos, uma cultura inclusiva e uma sociedade mais justa para todos.

Por fim, mais uma vez, se você tiver dúvidas, volte ao nosso ponto de partida: AME, como diz Solomon. O amor é o início, o fim e o meio.

Beijo carinhoso!

Referências

DINIZ, D. *O que é deficiência*. São Paulo: Brasiliense, 2012.

FIGUEIREDO, L. C. *As diversas faces do cuidar: novos ensaios de psicanálise contemporânea*. São Paulo: Escuta, 2009.

FONTES, I.; ROXO, M.; SOARES, M. C.; KISLANOV, S. *Virando gente: a história do nascimento psíquico*. São Paulo: Ideia & Letras, 2014, com adaptação para filme: Disponível em: <https://www.youtube.com/watch?v=H3YtswsI-D-c>. Acesso em: 23 mar. de 2022.

---

12 Um dos princípios mais importantes da Abordagem Pikler é a observação das crianças atenta aos detalhes. Para saber mais sobre a Abordagem Pikler, consulte www.pikler.com.br

GRANDIN, T.; PANEK, R. *O cérebro autista: pensando através do espectro.* 12. ed. Rio de Janeiro: Record, 2020.

ONU. Organização das Nações Unidas. Declaração Universal dos Direitos da Criança. 1959.

PATRÓN, L. *A solidão das mães especiais: seja rede, seja aldeia.* TEDxUnisinos. 2018. Disponível em: <https://www.youtube.com/watch?v=9eyCmr7At04 >. Acesso em: 23 mar. de 2022.

SOLOMON, A. *Longe da árvore: pais, filhos e a busca da identidade.* São Paulo: Companhia das Letras, 2013.

SOLOMON, A. *Love, no matter what.* TEDMED. Disponível em: <https://www.ted.com/talks/andrew_solomon_love_no_matter_what>. Acesso em: 23 mar. de 2022.

WINNICOTT, D. W. *Os bebês e suas mães.* 4. ed. São Paulo: Martins Fontes, 2012.

13

ENTENDA OS 5 PRINCIPAIS ERROS QUE OS PAIS COMETEM AO EDUCAR OS FILHOS E CONHEÇA SOLUÇÕES PRÁTICAS E SIMPLES PARA EVITÁ-LOS

Neste capítulo, vamos entender quais são os 5 maiores erros que os pais cometem ao educar seus filhos e conhecer soluções muito práticas e possíveis que você pode aplicar hoje em sua casa.

FLÁVIA VALADARES

Flávia Valadares

Contatos
www.escolapedagogicamente.com.br
www.escolapraticamente.com.br
flaviavaladares@escolapedagogicamente.com.br
Instagram: @pedagogica.mente
21 99623 5713

Neurocientista pesquisadora (UFRJ), formada em Pedagogia pelo Instituto Metodista Bennet (2011), especialista em Gerenciamento de Projetos – UFRJ (2013), psicopedagoga clínica e institucional – UERJ (2014). Experiência de 18 anos como professora e 6 anos atuando como psicopedagoga clínica. Em 2017, fundou a *Escola PraticaMente*, um curso de estimulação cognitiva para todas as idades. Em 2020, desenvolveu o Método Educação NeuroAfetiva e um curso on-line *Como educar as crianças nos dias de hoje*, com mais de 100 aulas on-line gravadas, que já transformou a vida de mais de 2.500 famílias.

Somos todos apenas humanos. Nós temos nossos limites. Cada um de nós tem seu próprio conjunto de circunstâncias, o que significa que nossas práticas de apego serão diferentes umas das outras. Não se trata de perfeição, e sim de conexão.

As mães e os pais são feitos, não nascem mães ou pais. Não assuma que você deve saber todas as respostas. Algumas das maiores lições vêm dos maiores erros. Ninguém gosta de errar, especialmente quando se trata de filhos.

Nós amamos nossas crianças, então qualquer passo em falso pode ser sentido profundamente. A curva de aprendizado é íngreme e você pode perder o horizonte e a perspectiva do que é certo ou errado, o que fazer nesta ou naquela situação. As crianças podem mudar de uma semana para outra, então você precisa ser capaz de se adaptar a essas mudanças.

Tentar coisas novas e depois deixar de lado o que não funciona é uma parte importante da parentalidade. Todo dia é dia de aprender. Vamos nessa? A arquitetura básica do cérebro é fundada por meio de um processo contínuo que começa antes do nascimento e segue na idade adulta.

As primeiras experiências afetam muito a qualidade dessa arquitetura, estabelecendo uma base sólida ou frágil para toda a aprendizagem, saúde e comportamento nos anos seguintes e por toda a vida. Educar seu filho com bondade não significa tentar a todo custo fazê-lo obedecer, que se comporte perfeitamente em todas as circunstâncias, que não tenha crises, que controle suas emoções sem preocupações.

Algumas das estratégias que vou mostrar ao longo deste capítulo vão ser perfeitas para você e outras, não. Por quê? Como cada criança é diferente, cada família tem suas particularidades. Você vai me dizer "mas então, por que recorrer à educação afetiva, se é difícil?". Porque claramente vale a pena! É claro que nem tudo que se planta é colhido imediatamente, mas você vai observar melhorias que consolidam o progresso e impulsionam a perseverar.

Com uma educação baseada no respeito mútuo e no afeto, o ambiente familiar é mais sereno, menos conflituoso, a criança é mais autônoma, aos poucos aprende a administrar melhor suas emoções e as crises são amenizadas porque ela se sente ouvida e compreendida.

Somos humanos e imperfeitos. Tornar-se uma mãe ou pai atencioso não o isenta de cometer erros, mas permite um realinhamento quando necessário. Escolher uma educação afetiva também é enfrentar dúvidas. Porque, em vez de atuar no piloto automático, de reproduzir padrões bem conhecidos, você vai optar conscientemente por virar tudo de cabeça para baixo, para abrir um novo caminho. Você escolheu ir contra o modelo parental e social tradicional. As realizações são feitas ao longo do caminho e você deve se adaptar, e se posicionar constantemente, para permanecer alinhado a seus valores.

É preciso tempo, paciência, mas também trabalho, dedicação e treino para encontrar evidências claras que tranquilizem a maioria das mães e pais. Boas notícias: a neurociência está do nosso lado. Na verdade, cada vez mais estudos mostram que atitudes positivas e afetivas em relação a seu filho permitem que seu cérebro se desenvolva bem, enquanto atitudes humilhantes prejudicam seu desenvolvimento.

Agora, vamos entender quais são os 5 maiores erros que os pais cometem ao educar seus filhos.

Erro número 1: gritar com seus filhos em qualquer situação

Normalmente, os pais gritam porque são empurrados à beira da raiva, seja por estresse, gatilhos internos ou outras circunstâncias, e sentem que não têm ferramentas mais eficazes para usar. Você se sente assim? Grita porque parece ser a única opção?

Pois é, as consequências de longo prazo encontradas nos estudos de crianças que experimentam gritos incluem aumento da ansiedade, sintomas depressivos, estresse, problemas de conduta e outros distúrbios emocionais.

Nenhuma mãe ou pai deseja isso para seu filho. Então, quais são as estratégias parentais que podemos usar no dia a dia para evitar que nossos ânimos explodam com aqueles que mais amamos?

Eu vou mostrar agora várias ferramentas para você evitar as birras do seu filho e evitar que passe o dia todo gritando e ficando nervoso aí na sua casa, onde mais deveria ter paz, certo?

Eu entendo, é difícil porque não tem como desligar o botão dos sentimentos dentro da gente, mas o autocontrole depende muito mais de você, adulto, porque tem a capacidade para se controlar, e a criança ainda não tem.

Você que tem o cérebro desenvolvido e preparado para lidar com fortes emoções. Nessas horas é importante se concentrar nos sentimentos do seu filho, e não nos seus. Isso também tem a ver com empatia.

As "birras", que eu chamo de "colapsos emocionais", são pedidos de ajuda, tenha sempre esse olhar. Esse olhar vai mudar o jogo nas situações difíceis e você vai lidar melhor com suas emoções também, além de não colocar mais combustível na fogueira.

Agora vou destacar três estratégias para você lidar com a birra e evitar os gritos: escolha uma batalha por vez para trabalhar; combine com a criança como será daqui para a frente se acontecer de novo e controle as suas reações. Avisando previamente, você vai aprender a se retirar das cenas de conflito e esperar a poeira baixar.

É nesse momento que o crescimento emocional acontece. Seja luz nos momentos difíceis para a criança. Lições e aprendizagem acontecem no meio do caminho. E é longo, viu?! Às vezes, você pode até desconfiar se a criança está realmente aprendendo algo com uma atitude sua.

Mas sim. O crescimento está acontecendo. Como as plantas que precisam da luz para crescer, assim são as crianças. Empatia, escuta, compreensão e carinho: é disso que seu filho precisa quando tem um colapso emocional.

Erro número 2: a prática da punição e suas consequências

Muitas pessoas praticam o erro da punição na tentativa de mudar um comportamento desafiador ou inadequado da criança. Quantas vezes você pede que seu filho faça alguma coisa e ele vai lá e faz exatamente o contrário?

A gente está o tempo todo influenciando a criança, você está sempre orientando, mostrando o melhor caminho, a melhor forma de se comportar, como entrar e sair dos lugares, como se relacionar com as pessoas, como ajudar com as tarefas da casa.

Há uma diferença muito grande entre fazer que seu filho o escute, seguindo as orientações, e você querer educar uma criança usando punições, castigos e ameaças para que isso aconteça.

Vou aproveitar para falar um pouco sobre a raiva nessas horas em que a criança te desafia. A raiva não é a nossa inimiga, a raiva é uma luz que acende, um alerta de que alguma coisa não está bem. A raiva é um aviso.

Você fala alguma coisa, solicita que guarde os brinquedos e ela não guarda. Diante disso, você fica com raiva, está falando e seu filho não está te escutando. A frustração toma conta porque a criança não te escuta e você desconta nela.

Nessa hora é claro que você não está se sentindo ouvido. E quando não é ouvido num relacionamemto, seja com seu filho, com seu marido, com uma amiga, isso é um gatilho que provoca a raiva, que mexe com você.

Concorda comigo que é uma coisa sobre você? Você, adulto, fica bravo, frustrado e com raiva quando não se sente ouvido. É uma necessidade não atendida sua. Não estou dizendo que não pode sentir raiva, aqui se trata de se respeitar e saber como canalizar essa raiva, entendendo seus próprios gatilhos. Concentre-se sempre na sua emoção, mais do que no comportamento da criança.

Aproveite a oportunidade de vocês crescerem juntos e evoluírem para as suas melhores versões. Quando você aceita a honra de ser o modelo de seus filhos e lidera pelo exemplo, não pode deixar de se sentir elevado e empoderado à medida que orienta, em vez de ditar. Somos orientadores e não ditadores.

Erro número 3: reproduzir a mesma educação autoritária que recebeu dos pais, que é educar de maneira hereditária

No final do século 18, encontramos na literatura os primeiros registros que demonstram uma preocupação com a educação das crianças. Foi aí que se desenvolveu uma percepção mais cuidadosa da criança como um ser humano que demanda cuidados especiais.

Foi na revolução industrial, ocorrida entre os séculos XVIII e XIX, que se iniciaram as primeiras pesquisas sobre educação infantil. Esses trabalhos revelam o grande papel da educação para melhorar as condições de vida das crianças em todos os sentidos.

A ciência nos mostrou como nossa educação atual é ineficiente, apontando um caminho novo no qual podemos desenvolver habilidades e potencializar a capacidade de nossas crianças. Já se passaram mais de 200 anos e até hoje usamos as mesmas técnicas para educar que eram usadas no período em que foi inventada a locomotiva a vapor. Você acredita?

Aposto que, depois de um dia cansativo de trabalho, você não desce para a estação e espera um trem a vapor, uma Maria-fumaça para voltar para casa, não é verdade? Então, por que temos que educar nossos filhos da mesma forma que nossos pais e avós foram educados?

Um relatório do Fórum Econômico Mundial antecipa que 65% das crianças que hoje entram na escola primária vão ter alguma profissão que não existe atualmente. E você está formando e educando seu filho para ser um adulto capaz e independente? Quais adjetivos seu filho vai ter no futuro? Está guiando seu filho para que ele tenha essas habilidades que você tanto deseja?

Entender que a mudança acontece primeiro em você e depois se reflete em seu filho é o grande ponto de sucesso. Acho que compreendeu o que é ter um filho paciente. Então, comece a ser paciente com ele também. Não quer ter um filho violento? Não use da violência para educá-lo e não exponha a criança a um ambiente violento.

Não é sobre perfeição, é sobre evolução. Ser o exemplo de uma mãe que é humana e erra, mas que reconhece os erros e aprende com eles é valioso. É o maior exemplo que você pode dar. Pode ter certeza de que não está sozinho, posso te garantir que ninguém nasce sabendo cuidar de uma criança, educar é estar e crescer juntos, e eu sei que você quer o melhor para os seus filhos.

Continue persisitindo e estudando. No início é difícil mesmo, educar de maneira respeitosa é, na verdade, uma profunda desconstrução; desconstruir e reorganizar pode causar desconfortos. Pensa só: os seus pais não sabiam disso, agora você sabe.

Erro número 4: não estabelecer limites e combinados

Quando pensamos que colocar limites é colocar uma barreira, construir muros, ficamos no meio de uma encruzilhada, pensando de dois jeitos: se você colocar muitas barreiras ou fizer um muro bem grandão, está prejudicando o desenvolvimento da criança; ou se não colocar nenhuma barreira não está preparando a criança para os desafios do dia a dia e, ainda por cima, vive numa constante guerra dentro de casa.

E se a gente usasse outro nome: em vez de falar limites e barreiras, usasse a ideia de fronteira? Limites, barreiras e fronteiras são todos conceitos da geografia. Mas olha só que interessante, no conceito de fronteira você tem uma interação, uma inter-relação entre os dois lados; e a escolha de ultrapassar ou não essa fronteira traz as suas devidas consequências.

Alguns limites, ou melhor, fronteiras, são naturais e, em algum momento da vida, o seu filho vai começar a compreender isso, outros são explicados, você precisa ensinar e transmitir ao longo do desenvolvimento do seu filho. Todo mundo precisa entender que o ser humano tem liberdade e pode fazer o que quiser, mas existem as fronteiras entre a nossa liberdade e a liberdade do outro.

Você precisa entender e saber colocar essas fronteiras com respeito, afeto e amor para que seu filho se torne um adulto mais feliz e para que melhore a sua relação com ele.

Agora vamos à prática do que precisa fazer. Vou mostrar como ensinar sobre os limites – que eu chamei de "fronteiras" – na vida do seu filho com respeito e amor. A primeira coisa que você precisa ter é clareza. Não adianta colocar um monte de regras e combinados, fazer um quadro bonitinho e pregar na parede esse combinado se eles não fazem sentido nem para você nem para a criança.

É preciso existir uma razão, uma justificativa para isso, dizer que é feio, porque eu quero assim, porque eu sou a sua mãe, não é explicação. As razões precisam ser bem claras para você e para seu filho.

Pergunte-se por que não subir na mesa, porque não correr no quintal, porque não rabiscar a parede. São perguntas que deve fazer para si mesmo e depois levar essa resposta para seu filho quando quiser colocar aquela regra ou aquele limite.

A segunda perspectiva para os limites é alinhar as suas expectativas quanto à idade do seu filho. Por volta dos dois anos, a criança começa a firmar sua própria identidade. Ela começa a questionar tudo e a se impor para um monte de coisas. Por isso é tão importante estudar sobre o desenvolvimento infantil. As regras e os limites ficam mais complexos à medida que a criança vai crescendo.

A terceira dica é a dica de ouro: os limites precisam ser acordados e não impostos. É importante não definir limites muito rígidos ou inadequados para a idade e a capacidade de compreensão de seu filho. Para fazer isso, você deve pensar com cuidado antes de tudo.

Uma boa regra deve estar bem clara em sua mente. Ela deve garantir que suas necessidades sejam atendidas e que o bem-estar circule pela casa. Pergunte a si mesmo se o limite proposto ainda será desejável, se é realmente importante e se é adequado para seu filho.

Erro número 5: educar sem dar atenção às necessidades básicas da criança

Uma criança que se comporta de modo desafiador não é má, longe disso, nem gosto de usar esses termos. Mas às vezes achamos que a criança possui essa maldade intencional, quando isso não existe.

Uma criança que se comporta de maneira agressiva não é uma criança que está fazendo isso por gosto. Se a criança se comporta de modo inadequado é simplesmente uma criança desencorajada, sabia?

Depois que uma criança está segura, vestida, alimentada e tem um lar, suas duas grandes necessidades fundamentais são: criar um vínculo emocional e se sentir uma parte importante dentro da família.

O que é criar vínculo, se conectar? Vínculo é a sensação de ser desejado e estar conectado. Os humanos são criaturas sociais. Para uma criança, criar esse vínculo significa se sentir emocionalmente ligada às pessoas importantes em sua vida e ter certeza de como ela se encaixa em sua família.

O que é senso de importância? A importância é a sensação de ser capaz e necessária. A criança precisa saber que pode fazer a diferença na família, oferecendo contribuições significativas, ou seja, ela quer ajudar, ela quer fazer parte daquilo, ela adora colaborar, cooperar.

Deixa só eu explicar melhor o que você ganha e perde aplicando isso: pense que seu filho tem dois tanques – cada um representando diferentes necessidades emocionais. O primeiro tanque se chama "vínculo"; o segundo se chama "importância".

Você é frentista do posto de abastecimento. E quer saber como vai encher esses dois tanques do seu filho? Você pode encher o tanque do "vínculo" passando um tempo especial com o seu filho todos os dias ou então ele vai chamar sua atenção, respondendo de maneira inadequada, choramingando e tendo um acesso de raiva, não vai conseguir brincar sozinho ou vai chamá-lo o tempo todo.

Você pode encher o tanque da "importância" de seu filho oferecendo opções ao longo do dia e envolvendo a criança em algumas decisões, e não ficar apenas dando ordens e dizendo "nãos"; ou então ele vai se recusar a tomar banho o tempo todo, vai se recusar a guardar os brinquedos.

Preciso dizer uma coisa muito importante: a gente deve se envolver mais com as crianças e ter um tempo especial com elas todos os dias. Mas não pode ser de qualquer forma. O ideal é que seja olho no olho, no chão, esquecendo suas obrigações por alguns minutos, sem nenhuma outra preocupação no mundo a não ser se divertir com seu filho.

Eu sei que isso não é a cura definitiva para todos os comportamentos desafiadores dos seus filhos, mas pode acreditar em mim, é um enorme primeiro passo que você vai dar para mudar o comportamento das crianças.

Sempre que se sentir desanimado ou se pegar pensando: "ai, eu fiz tudo errado", veja aí um sintoma de desestímulo. Volte toda a sua atenção e energia para o que pode ser feito a fim de melhorar a partir de agora. Eu prometo que, quando você tentar uma dessas novas estratégias e perceber que funciona, ficará muito feliz.

Ah, quando você escorregar de volta aos velhos hábitos, não se recrimine. Lembre-se sempre de que não podemos construir sobre a fraqueza, apenas sobre a força. Consistência é uma boa palavra para guiar nossos dias. Respire fundo. Feche os olhos por um momento, se precisar. Faça o que for preciso para se centrar. Você é a bússola do seu filho.

14

A ADULTEZ NA INFÂNCIA

EXCESSOS E OMISSÕES

Estas páginas surgem de atendimentos clínicos a jovens, reações por imposições, exigências excessivas dos pais e minha inquietação quanto às falhas do cuidado. Qual é o limite de defesa e tolerância da criança? Quais são os desdobramentos? Faço um convite aos pais para refletirem sobre os traumas decorrentes das relações que desorganizam e são metabolizadas pela criança.

HENRIETE SCHTEINBERG

Henriete Schteinberg

Contatos
hemusser52@gmail.com

Psicóloga licenciada pela UGF (1986), graduada pela UNESA (2005), com pós-graduação em Gestão de Recursos Humanos UCAM (2007). Certificada pelo Instituto Brasileiro de Psicologia Perinatal (2021): "O pensamento de Bollas e o atendimento em linha(on-line)". Supervisora em atendimento psicossocial do Programa de Políticas Públicas PCERJ (2008). Certificada pela APdeBA (2020): "Lo infantil en psicoanálisis – Ideas en juego". Membro associada à Formação Freudiana. Psicóloga clínica.

Falar sobre a infância é discorrer a respeito das crianças em diferentes representações simbólicas e contextos de interações. Embora a definição de infância possa ser encontrada em categorias como: o lugar na história, diferentes sociedades, transformações físicas e psicológicas, a ênfase será a vivência em sua individualidade.

Um dos critérios para distinguir a criança em relação ao adulto ao longo da história foi fraqueza e fragilidade em relação ao adulto. A criança ainda é colocada em um lugar de exploração sutil, enraizada e naturalizada dentro das famílias.

Sendo defendida como prática social, são atribuídos às crianças responsabilidades e problemas dos adultos em paradoxo à sua vulnerabilidade. Tendo que atender aos favores dos adultos, são negligenciadas e não recebem o cuidado e proteção necessária.

Para conhecer mais sobre os tratamentos impostos pelos adultos ao longo do tempo, recorri às fontes históricas. O historiador Philippe Ariès (2019) descreve os sentimentos, práticas sociais e pensamentos atribuídos à infância. De acordo com as suas pesquisas com iconografias, foi possível conhecer a perspectiva das relações sociais, transmissão dos conhecimentos, configuração da família e lugar da criança nas famílias ocidentais.

Ariès (2019) elucida a suposta desvalorização da criança e a herança cultural da indiferença, em relação à infância, durante a Idade Média. O autor considera que, na velha sociedade tradicional, o filhote de homem era distinguido do adulto apenas por características físicas, sendo a infância abreviada ao período mais frágil, enquanto a criança era ainda dependente de cuidados.

No mesmo período, destaca que o sentimento da infância era reservado apenas aos primeiros anos de vida, sem significância em relação à sua fragilidade. Em um breve período, os filhotes se transformavam em homens e mulheres jovens. Fases intermediárias não eram consideradas no crescimento até a idade adulta e eram misturados aos adultos no trabalho e nos jogos.

No século XVI, os modelos artísticos e religiosos registram dinâmicas sociais nas quais as crianças aparecem servindo mesas nos banquetes e aprendendo os ofícios, ajudando os adultos.

A passagem pela família era muito breve e os pais não garantiam o controle da aprendizagem nem da socialização. A transmissão de valores e de conhecimentos aos jovens era decorrente do trabalho. Fora da família, entre vizinhos, amigos ou criados, aconteciam as trocas afetivas e os laços familiares.

A partir do século XVII, as crianças deixam de ser misturadas com adultos e a aprendizagem é delegada às escolas e aos colégios. As instituições passaram a ser responsáveis por elas na educação, enclausuramento e separação. Ainda assim, as famílias apoiavam e permitiam à Igreja e ao Estado os mecanismos de moralização e disciplina.

Apesar de encontrarmos poucas referências sobre as crianças no mesmo período aqui no Brasil, os modelos artísticos e religiosos evidenciam que elas também não eram foco de atenção especial. Atendiam aos interesses da época, com os moldes de propriedade colonial e ocupavam um lugar de pertencimento aos adultos sem trocas afetivas, consideradas apenas menores e frágeis. Eram adultizadas precocemente, sendo o conceito de infância concebido apenas no final do século pela medicina.

É inevitável considerar a relevância das informações históricas e as perspectivas ligadas às baixas rendas das famílias nas relações. A ideia de infância depende de quem observa, da cultura em que está inserida e é também ampliada a outros registros.

A minha intenção é ressaltar outro olhar no reconhecimento da infância que emerge na relação das crianças com os pais. Existe uma dinâmica de poder exercida sobre elas, com modelos de comunicação distorcidos, regras desproporcionais e incoerentes.

Os genitores se colocam como referências absolutas com diretrizes de acordo com as suas necessidades, negligenciam os cuidados e necessidades das crianças. É fácil perceber nesse padrão de relação a contribuição para formações subjetivas precoces, favorecendo a instauração de um trauma psíquico.

Desse modo, as crianças desenvolvem um amadurecimento, uma adultez com todas as suas implicações. A elas, só é permitido substituírem os seus cuidadores e serem responsabilizadas pelos cuidados dos adultos. Qual mãe e pai nunca pediu a uma criança que ajudasse em casa? A cooperação dos filhos em casa, com os membros da família, é bem diferente.

Como seria possibilitar a contribuição de cada membro, no seu tempo com o sentimento de pertencimento? Com atribuições de responsabilidades em uma realidade a ser metabolizada internamente no ritmo próprio de cada pessoa.

Quando o ambiente interno exige demais da criança, ela não consegue estudar e brincar porque tem que suprir as necessidades dos pais e dar conta da inversão de tarefas. A infância fica privada de muitas oportunidades e a criança assume outro lugar.

Os efeitos dos exageros impostos são intoleráveis, desprazerosos e a vivência é de estagnação. Elas aprendem que devem se submeter às regras para além de suas capacidades. Os jovens que recebi chegaram à clínica com reações emocionais de angústia, tristeza, culpa sem produção de sentido e compreensão de suas vivências.

Prossigo com dois fragmentos de atendimentos clínicos para expor o que quero enfatizar.

Caso 1

CA, uma jovem liga minutos antes do atendimento pedindo que a buscasse na portaria, no andar térreo, porque não conseguia chegar sozinha ao consultório. Ela dizia estar perdida e desorientada, eu não hesitei e fui buscá-la. Falava e chorava ao mesmo tempo, repetia estar confusa, desorientada e muito triste. Era o seu primeiro dia de atendimento clínico.

Começou dizendo ter muitos problemas para resolver e não sabia por onde começar. Sempre se sentiu muito sozinha, sem amigos e nunca teve ninguém com quem pudesse contar. Fazia pulseiras quando era pequena para vender na escola. Desde cedo ouvia dos pais que teria que trabalhar e ser independente. Sua renda atual é do trabalho em um salão de beleza.

Estaria com uma passagem comprada para viajar em cinco dias para o exterior, mas não queria por saber que seria uma fuga da situação em que se encontrava. Um colega próximo aconselhou CA a procurar ajuda profissional e tentar entender o que estava acontecendo.

Contou que seus pais eram separados e os dois bebiam muito. Faltavam com cuidados a ela e ao irmão mais novo. Tudo piorou com a morte de seu pai há dois anos. Antes da morte, os dois tiveram uma briga por ela reclamar de seu excesso de consumo de bebida alcoólica e não se falaram mais desde então. Sentia-se mais próxima dele do que de sua mãe. O pai pedia com frequência sua ajuda financeira e ela não conseguia negar.

Nos últimos dias de vida, seu pai estava em um lugar de praia onde resolveu ficar por um período indeterminado. Dizia ser responsável pelo seu bem-estar e garantia assim uma forma de estar perto dele.

— Filha, venha até aqui, e traga uma pizza.

— Ele me pedia as coisas, mas o que ele queria mesmo era a minha presença.

Durante aquele período, a sua mãe recebeu a notícia por telefone, de que seu pai havia se afogado no mar. Desde então, CA sente-se muito culpada pela morte do pai e vem sendo agredida pela mãe verbal e fisicamente.

— Tudo piorou para mim com a morte dele.

Tomarei Ferenczi em sua reflexão sobre o trauma quando diz que sentir segurança e conservar esperança de algum controle absoluto estaria no cerne desse mecanismo. Era a saída que a jovem encontrava para sobreviver à desorganização interna consequente das exigências impostas pelo ambiente. Diante da falha nas relações com os pais, aprendeu a submeter-se excluindo as próprias vontades; no entanto precisava acreditar ser amada, por ser insustentável o abandono e o desamparo vivenciados.

Desde então, passou a ser obrigada a ajudar a mãe financeiramente e em tudo de que necessita. Sente-se muito sozinha, evitando aproximar-se das pessoas com medo de decepção afetiva.

— Não confio em ninguém.

— Ela pede, pede e nunca tem fim! Nunca é suficiente! Ela me obriga a atender às suas vontades e retribuir tudo que fez por mim. E sempre foi assim. Carinho mesmo, eu recebia do meu pai.

— Arrumar a casa, cuidar dos cachorros, pagar as contas...

Prossigo com Ferenczi (2011) ao observar as relações com excessos insuportáveis e os efeitos traumáticos no desenvolvimento psíquico da criança. "As crianças são obrigadas a resolver toda espécie de conflitos familiares e carregam sobre seus frágeis ombros o fardo de todos os outros membros da família. Não o fazem, afinal de contas, por desprendimento puro, mas para poderem desfrutar de novo a paz desaparecida e a ternura que daí decorre. Uma mãe que se queixa continuamente de seus padecimentos pode transformar seu filho pequeno num auxiliar para cuidar dela, ou seja, fazer dele um verdadeiro substituto materno, sem levar em conta os interesses próprios da criança".

— Quero fazer curso de alemão, natação e ela me proíbe. Diz que não gastará seu dinheiro com bobagens.

Em suma, é legítimo reconhecer que diante da definição dos papéis dos pais de CA ocorreu inversão. A filha passou a assumir a responsabilidade sobre os componentes adultos da família, lutando para cuidar deles, enquanto eles negligenciaram suas respectivas funções.

Caso 2

Em outro atendimento, YK chega e relata estar com a sensação de que alguma coisa vai romper a sua paz, algo muito ruim vai acontecer. Não tem vontade de fazer nada, sente muita tristeza, mas precisa trabalhar para o sustento do namorado e da mãe. Sua renda financeira é com diárias e embelezamento de cabelos.

Winnicott considera ser necessário para o desenvolvimento da criança o reconhecimento da insubmissão pelos pais para que ela desenvolva o potencial para submissão. Essa agressão, o primitivo e cruel amor do bebê são necessários sem que haja uma quebra no relacionamento pelos pais.

YK começa a sessão o dizendo:

— Vivi muitos anos esperando elogios e reconhecimento de minha mãe, e nunca tive. Desde pequena fui obrigada a limpar a casa, cozinhar e cuidar dos meus irmãos menores enquanto ela trabalhava, sem direito de dizer não.

— Quando chegava do trabalho, me batia porque eu não havia limpado a casa conforme ela queria. Eu fazia tudo que minha mãe mandava, mas nunca estava bom para ela.

YK foi trabalhar, ainda jovem, para uma família. Era responsável por todos os serviços da casa. Quando voltava, ainda tinha que atender às exigências impostas pela mãe.

— Ela não é carinhosa comigo e nunca foi. Hoje a minha mãe diz que sempre sofreu de depressão e assim justifica a forma como me tratava e continua até hoje. Exige a minha presença, continuo fazendo as coisas para ela; tento me afastar, mas não consigo. Mas eu gosto dela assim mesmo.

Era como se YK abrandasse o sofrimento com esperança de algum controle. Abre mão da sua vida para tentar se colocar ao lado da mãe, cedendo às próprias vontades, esquecendo-se dos excessos, exigências e maldades cometidas por ela.

— No meu trabalho como diarista, tenho hora para entrar, mas não tenho hora para sair. Não consigo dizer "não" para ninguém. Também faço tudo o que me ordenam, mas minha patroa nunca está satisfeita. Ela é como a minha mãe.

— Você acha que eu estou repetindo o meu padrão de comportamento com as outras pessoas?

Considerações finais

Em suma, uma vez estando os papéis dos genitores definidos e suas funções evidentes, eles devem dar aos filhos a livre escolha para assumirem suas responsabilidades.

Culpar os pais não contribui para refletirem sobre suas frustrações, desamparo, raiva e outros sentimentos que projetam nos filhos.

Então, como estamos apresentando nossas fragilidades emocionais para as crianças?

Estamos nos comportando como crianças com os nossos filhos?

Estamos escutando?

Se pensarmos na nossa capacidade como pais de gerenciarmos nossos sentimentos e assumirmos as nossas inseguranças, estamos oferecendo aos nossos filhos a liderança por suas vidas e a busca pela individualidade?

Referências

ARIÈS, P. *História social da criança e da família*, 2. ed. Rio de Janeiro: LTC, 2019.

FERENCZI, S. *Obras completas: confusão de línguas entre os adultos e a criança*. 2. ed. São Paulo: Martins Fontes, 2011.

PHILLIPS, A. *Winnicott*. 2. ed. São Paulo: Ideias & Letras, 2013.

15

O QUE GABRIELA TEM A NOS DIZER

O texto a seguir trata da riqueza do cotidiano em família para além da porta do quarto, que bate de maneira atrevida, ou os excessos de horas no videogame e no celular. Em todos os lares, as vivências são típicas e se assemelham, mas como se vive passa a ser de uma beleza particular. A temática em si gira em torno dos vínculos de amor como um privilégio a ser vivido.

IVANA MARIA MAGALHÃES PONTES DE LOUREIRO ARAUJO

Ivana Maria Magalhães Pontes de Loureiro Araujo

Contatos
ivanapontesaraujo@gmail.com
21 99773 2764

Cearense, graduada em Pedagogia pela Universidade de Fortaleza/CE. É especialista em Infância pela Escola de Psicanálise do Ceará. Pós-graduada em Psicologia Pedagógica pela Fundação Getulio Vargas/RJ, e Psicopedagogia pela Universidade Gama Filho/RJ. Atualmente faz graduação em Psicologia pelo IBMR/RJ. É autora do livro infantil *Ester, a Super Star*. Trabalhou por 33 anos em escolas, atuando na Educação Infantil e no Ensino Fundamental, como pedagoga e psicopedagoga, nas cidades de Fortaleza/CE e Rio de Janeiro/RJ. Apaixonada pela infância, acrescenta o título de Mãe ao seu currículo por acreditar que ser mãe também é da ordem de ensinar e aprender sempre. Atualmente atende como psicopedagoga clínica.

"Ela caçava besouros até o fim da tarde, seu pensamento estava no fato de que à noite haverá talvez uma fogueira e noite de fogueira era sinônimo de roda de histórias assustadoras e, com alguma sorte, apareceriam vaga-lumes.

Era fim de tarde e chegara o momento de buscar sua ovelha Gabriela que ficara no pasto desde a manhã. Quando seus olhos se depararam com a ovelha parindo, apesar de não ter a menor ideia do que estava acontecendo, um estranhamento percorreu aquele instante, o tempo parou bem ali.

A ovelha se sentava e se levantava, sua barriga pulsava… O que é isso mesmo? De repente, a menina se dá conta de algo que sai dentre as patas da ovelha angustiada. O que era aquilo?

Um carneiro? Outro? Isso mesmo! Dois pequenos carneiros saíram de algum lugar, cuspidos de dentro daquela agonia. Nada se mexia ao redor. O ar estava suspenso. O vento cessou.

Parecia que o mundo havia parado para assistir àquele momento. Ela escutava apenas o som de moscas e mosquitos que rodopiavam ao redor da cena. Gabriela começou a comer e lamber o que envolvia seus filhotes, o que a assustou mais ainda.

Subitamente entendeu que havia muitos mistérios na vida e ali, bem diante dela, se descortinava algo assim, grandioso, tão maravilhoso quanto assustador. Era um espetáculo bruto da natureza, mas era um senhor espetáculo! Por dedução, o segredo de onde vêm os bebês se desvelou ali, na sua frente.

Gabriela, sua ovelha querida, seus carneirinhos, o mato, mariposas, mutucas e o mormaço compunham aquele momento que inaugura uma sensação muito diferente, algo novo toca sua alma. Ela percebe que não daria conta de tanta coisa que acontecia dentro e fora de si. Parte em busca de alguém para dar amparo à Gabriela, aos filhotes e, quem sabe, a ela mesma, que tinha tantas coisas novas em seus pensamentos e nas suas emoções. Ela certamente precisava de um adulto".

A narrativa anterior é fundamentada em fatos vividos pela autora e serve como ilustração para o que ocorre nos momentos finais da infância, vislumbrando-se uma nova fase da existência. Nada é linear e a intensidade de emoções tanto assusta quanto deslumbra, simultaneamente.

Trabalhei muitos anos como coordenadora pedagógica de 5ª série, atualmente chamada de 6º ano. Coleciono histórias "risíveis", são lembranças que me trazem ternura, mas sobretudo um respeito enorme pelas crianças que as viveram com toda a intensidade que esta fase da vida representa. As risíveis e lindas histórias que guardo falam daqueles que têm um pezinho na infância e estão em transição para o desconhecido.

Certa vez me deparei com a seguinte situação: a criança levava uma *Barbie*® escondida na mochila, mas não conseguia brincar no recreio porque, nesta fase, as meninas sentam-se no chão e apenas conversam. Nesse caso, parece imperativo que as bonecas fiquem na mochila mesmo, como algo completamente inadequado. Revelar este segredo trouxe alívio a esta criança que percebe que o tempo dela não é igual ao das outras meninas, que ela e suas bonecas ainda têm um tempinho a mais para estarem juntas.

Ao me contar, acho que ela não precisava que fosse dito algo, teorizasse sobre as fases da vida ou autorizasse a ela viver seu momento. De fato, me pareceu que ela só queria falar e precisava de um adulto de confiança. É isso que muitas vezes é importante nesta fase, acolhimento à estranheza daquele momento. Outra doce lembrança me chega neste momento: um menino, também de 5ª série, não queria chorar na frente dos amigos e foi se refugiar em minha sala. Ele estava ali ansioso por um colo. Quando se acalmou pôde me falar que seu cachorro morreu, mas tinha prova de matemática. Acontece que seus sentimentos estavam jorrando e ele não poderia, a seu ver, chorar na sala de aula. Ficamos quietos por um bom tempo, depois fizemos uma dobradura de papel em forma de cachorro e ele fez a prova de matemática na coordenação, com a dobradura ali do ladinho. Em dado momento, ele me pediu um corretivo, aquele tipo de líquido que serve para apagar o que se escreve com caneta. Achei que ele apagaria algum cálculo errado, mas na dobradura ele passou o líquido branco no olho do cachorro e me contou que, na briga com outro animal, seu cachorro ficou cego. Ficamos os dois por algum tempo, dentro de um abraço. Depois ele riu olhando a dobradura e a marca branca no olho, só então pude rir também daquela dobradura tão diferente. Na mesma história, havia riso e lágrimas com intensidade. Ao longo do tempo, fui percebendo que as crianças precisam apenas que se importem com o momento em que vivem. Outra conclusão é que a despedida da infância não é linear e, muitas vezes, essa fase precisa ser acolhida. Noutras vezes, o incentivo para o passo seguinte também precisa vir do adulto.

Ao ouvir pessoas que hoje são adultas e lhes perguntar se houve um momento da virada de chave entre a infância e o resto das suas vidas, e como isso se deu, a maioria dos relatos esbarra na descoberta de algo que pertence ao mundo adulto, como questões ligadas à sexualidade, no mistério que é a concepção dos bebês ou nas próprias questões de atração física ou emocional por outras pessoas. É nessa fase, afinal, que algo de natureza sensual ronda ou algo fica diferente como se de repente acontecesse o desinteresse pelos pais e um súbito interesse pelos "outros". Mas quem são os "outros", afinal? Os outros são aqueles que vão lhes dar um pezinho para subir e espiar a janela do mundo que ainda está alta e inacessível. O outro torna-se então aquele que vai traduzir o mundo talvez de uma forma menos infantil. Nesse momento, as crianças gradativamente se afastam das suas primeiras referências de amor: os pais.

E como ficam os pais na hora desse distanciamento? É óbvio que os pais não lembram que, com eles, se deu da mesma forma; afinal, parece estar escrito em alguma espécie de manual de como aos poucos nos tornamos adultos. Um ioiô talvez seja a metáfora mais interessante para caracterizar a relação entre as crianças nessa fase de despedida da infância e seus pais. O ioiô é um dos brinquedos mais antigos que existe e caracteriza um movimento que se alterna; portanto pode ser uma boa analogia se comparado ao movimento de querer estar perto e querer estar longe dos pais. Há um momento em que estão bem próximos, física e emocionalmente, e há um movimento que os impulsiona naturalmente ao distanciamento, a querer ter seu espaço e cuidar das suas coisas. Lidar com esses movimentos alternados e sua carga emocional pode não ser simples nem para os pais nem para os filhos. Aconchego no momento de proximidade e impulso para o crescimento pode ser a chave dessa alternância de movimentos. Sim, mas ninguém diz que isso é fácil ou, principalmente, ninguém nos diz como fazer. Há manuais sobre esse fenômeno? Há receitas para isto? Em um tempo em que existe na internet tutorial para lavar corretamente os cabelos ou como criar filhos perfeitos, certamente há escritos ou *lives* que prometem a felicidade de relações de sucesso no âmbito familiar. Crer nessas fórmulas, crer em padrões de comportamento para famílias diversas, crer que alguém pode receitar como criar filhos é uma grande falácia. A relação entre pais e filhos é de natureza sensível, pessoal e intransferível. Para estar o mais próximo possível de relações saudáveis, é preciso ter muita disposição interior a estar dentro da relação, inteiramente envolvido em vivê-la com todos os movimentos de ioiô: muito próximo / não tão próximo. Há que se estar disposto a entender da própria relação e pouco importa se, em outras famílias, as fotos nas redes sociais falam de uma felicidade instantânea. O que é verdadeiro, o que é real em uma família passa distante da aparente perfeição. Ter uma criança finalizando a infância e colocando os pés na adolescência jamais será algo possível a partir de receitas prontas ou manuais.

Diferentemente do passado, hoje a infância está no topo da lista da preocupação dos adultos que escolheram ter filhos. Um pai se torna pai e uma mãe se torna mãe somente quando existe um filho; portanto o que é desconhecido para a criança que vai aos poucos se apropriando de cada fase que vive também é novidade para pai e mãe. Ser pai de uma criança de quatro anos envolve descobertas e um cotidiano completamente diferente de ser pai e mãe de alguém de onze anos. Somente se saberá o que acontece em cada ano quando se vive cada experiência.

Desse modo, não saber o que vai acontecer e como vai acontecer dá aos pais aquela estranha sensação de não ter o controle. É inquietante sim, por demais inquietante, mas assim são as situações da vida, não apenas nos adventos da maternidade ou da paternidade.

Como profissional, escolhi ligar minha prática à infância e gosto de provocar os pais a pensarem sobre a vida em família. Percebo o quanto é comum, desde o início da infância, uma enorme preocupação em ofertar à criança um universo incrível de oportunidades entre aulas extras, viagens inesquecíveis e vivências diferenciadas para enriquecer o universo infantil. O excesso, quando acontece, parte quase exclusivamente da premissa de oportunizar o que não se teve em sua própria infância. Há também a variante desta resposta que compõe o desejo de preparar o filho da melhor forma possível para concorrer na vida adulta em um mundo competitivo. A provocação que cabe aqui é por que para alguns existe a crença de que uma grande lista de atividades é de fato fundamental para seu filho? Serão necessidades reais?

Como em tudo na vida, há ganhos e perdas. É positivo o acesso às boas oportunidades, com toda certeza! O que se deve refletir é sobre o excesso. Nos anos finais da infância, algumas crianças já passaram por tantas aulas extras, tantas práticas de esportes, além de uma carga múltipla de atividades que é comum estarem cansadas, enfadadas ou entediadas. Este seria um bom momento para se perguntar, como pai e mãe, qual é o lugar do convívio familiar nessa agenda cheia?

Este pode ser um rico momento de parada para simplesmente estarem juntos. Uma das coisas que a pandemia pelo coronavírus trouxe foi a possibilidade de conviver.

Muitas vezes, se desconhece o valor do tédio e isso pode significar desconhecer um aliado para a criatividade ou para a quietude. Consequentemente, temos uma geração de pessoas aceleradas, ansiosas e, muitas vezes, desconectadas com o que verdadeiramente importa.

Ao se despedir da infância, responder ao que realmente tem importância nesta fase é de fato uma questão de múltipla escolha, com inúmeras e diversificadas respostas que vão desde a internet a pensar sua própria aparência e a soma de tudo que encanta e assusta com a chegada da nova fase dita adolescência. Um corpo físico está em acelerada transformação, tais mudanças nem batem à porta nem pedem licença, chegam de uma hora para outra, assim como o estirão de crescimento, a vaidade em excesso ou em falta. A sexualidade assusta porque tudo o que se apresenta é novo e, por ser novo, não se sabe como lidar muito bem. Muda também a capacidade de raciocinar com lógica, isto é, um ganho incrível nesta fase. Há também a alternância entre compreender e não compreender suas emoções, tudo está sendo vivido de modo simultâneo. E tudo isso importa neste momento. O que fazem ou devem fazer os pais nesse período? Estar ao lado para esta travessia.

Na clínica psicopedagógica, ouvindo muitas crianças, pude constatar que, embora queiram demonstrar distância, independência e autonomia em relação às figuras parentais, nada é tão rígido assim. Pai e mãe são, ainda que secretamente, as pessoas mais importantes de suas vidas. Quando emocionalmente as coisas se tornam difíceis, os pais são as referências de afeto e de conduta.

A criança age preferindo certo distanciamento da família. No entanto, dentro de si, as suas referências de atitudes e valores estão internalizadas e é sobre estas que as crianças pautam suas decisões e sua busca pelo processo de ser um indivíduo.

E lá está a porta fechada do quarto, neste instante, todo um processo de individuação está acontecendo. Distanciar-se é tornar-se um indivíduo com opiniões, gostos e atitudes diferenciadas de seus pais. É nesse instante que a criança se direciona a ser, além de filho, uma pessoa única.

E como se dá este processo com as ditas "crianças boazinhas"? E as que não dão trabalho? É sobre a sua espontaneidade que devemos lançar nossa atenção. Toda criança merece ser encorajada a olhar o seu próprio desejo. É com muita dificuldade que a criança se torna capaz de diferenciar sua opinião da necessidade de ter a aprovação dos pais. E justamente por ser algo difícil de se diferenciar, o encorajamento é tão necessário. A tarefa dos pais pode ser até complexa, mas necessária: estimular a criança a buscar seus próprios desejos.

Nos anos finais da infância, ir conquistando certa dimensão de confiança em si mesmo é algo indispensável, não apenas nesta travessia que antecede a adolescência, mas para a travessia da própria vida.

16

MEU FILHO BRIGA NA ESCOLA, E AGORA?

CONFLITOS COMO ESTRATÉGIA DE APRENDIZAGEM

A compreensão e a mediação dos conflitos que permeiam as relações das crianças, dentro e fora da escola, costumam representar um desafio para as famílias. É importante repensar as estratégias para transformar essas situações em uma oportunidade na qual as crianças participem da construção dos valores, principalmente em um momento em que as discussões em torno do aumento de casos de violência, *bullying* e *cyberbullying* estão tão presentes. O papel das instituições familiares e escolares, considerando os fatores sociais, é oferecer e promover situações de aprendizagem, visando ao bem-estar e à formação moral dos indivíduos. Neste capítulo, busco trazer uma reflexão sobre o tema, de maneira que permita favorecer o desenvolvimento da aprendizagem em prol de uma autonomia moral das crianças.

LAURA PARGA

Laura Parga

Contatos
parga.educ@gmail.com
Instagram: lauraparga_pedagoga
21 97358 2882

Graduação em Pedagogia pela Universidade Estácio de Sá – UNESA (2005 – 2008). Pós-graduação em Psicopedagogia pelo CEPERJ – em andamento. Especialização em Psicanálise pelo Instituto Esfera – em andamento. Experiência de mais de 12 anos como professora de Educação Infantil, 8 anos na Escola Parque, no Rio de Janeiro/RJ. Formação em diferentes cursos sobre gestão de conflitos. Envolvimento em discussões no campo da Psicopedagogia e suas aplicações na dinâmica escolar. Atuação na área clínica como Psicanalista e Orientadora familiar.

A o longo dos anos, trabalhando em escola, foi possível acompanhar os sentimentos das famílias sobre as relações interpessoais que seus filhos estabelecem nesse espaço. Por não estarem no ambiente escolar, as demandas muitas vezes envolvem um sentimento de impotência dos pais em administrar a narrativa que chega pelas queixas das crianças.

É importante entender que a escolha da escola está além do que se oferece de ensino. A escola precisa caminhar com os valores das famílias para que os responsáveis, com os profissionais, possam estabelecer uma relação de confiança e diálogo.

As angústias atendidas vão desde as situações em que a criança utiliza a força física para a resolução dos impasses até as que atuam de maneira mais passiva nas relações e acabam ocupando o papel de quem sofre com essas agressões.

Durante todo o percurso da criança na Educação Infantil, podemos observar e orientar as famílias a repensar e compreender a importância dessa experimentação antes mesmo de atuar diretamente nos conflitos.

O trabalho dentro da escola de Educação Infantil possibilita um amplo olhar sobre as questões de conflito, pois garante um repertório de questões vivenciadas pelas crianças, além de um olhar profissional sobre as angústias das famílias e os conflitos que são característicos dessa faixa etária.

Quando uma criança relata à sua família que foi agredida ou que algum colega a desrespeitou, isso causa um sentimento de impotência e, muitas vezes, fragilidade. Tanto as situações nas quais a criança utiliza a força física para a resolução dos impasses quanto as em que atua de modo mais passivo nas relações e acaba ocupando o papel de quem sofre com essas agressões trazem à tona muitas angústias e dúvidas. Refletir sobre as questões que estão envolvidas nesse processo e conhecer um pouco a respeito do desenvolvimento infantil pode ajudar a trazer um pouco mais de leveza para esse assunto tão delicado.

Conflitos são processos mentais constituídos por representações simbólicas. Os esquemas de cada indivíduo dão o resultado de um processo influenciado pelo contexto. Assim, como parte de todas as relações humanas, eles precisam ser vistos como situações de aprendizagem para o sujeito.

As formas como cada um lida com o outro são uma experimentação da sociedade; portanto aprender a resolver os impasses na infância é como estruturar a maneira com que elas vão enfrentar os conflitos na vida adulta.

O jogo simbólico, que costumamos chamar de brincadeira de faz de conta, é uma forma de a criança recriar a realidade, desenvolvendo a habilidade de representar um significado, a partir do contexto social em que cada indivíduo se encontra. Ele estimula a imaginação e a fantasia, favorecendo a interpretação e a ressignificação do mundo real.

A partir desse simbolismo, as crianças vão criando habilidades emocionais, pois os jogos simbólicos apresentam desafios importantes que envolvem a troca, a escuta e a disputa por diferentes papéis. Ignorar ou menosprezar essa atividade infantil é desconsiderar e desrespeitar a criança no seu processo de desenvolvimento. Observando-a a jogar, é possível investigar o que ela sabe sobre, como ela interpreta e se relaciona com as regras, com os colegas, em uma situação de ficção ou competição, como enfrenta desafios.

E as situações de conflito também fazem parte desse processo de desenvolvimento. Assim, evitar que seu filho vivencie conflitos seria uma forma de prepará-lo para os impasses da vida adulta? Que repertório e modelo de ação poderíamos oferecer para os nossos filhos? Deixar que as crianças atuem no conflito não significa abandoná-las, mas a possibilidade de que criem estratégias a partir de nossa mediação.

Crianças estão em processo constante de desenvolvimento e isso precisa ser levado em consideração. Cabe ao adulto expor, com clareza, por exemplo, que bater nunca é aceitável e que é função dele proteger a integridade física da criança, no caso de agressões recorrentes. É importante dizer diretamente que "não pode bater no outro" ou "que bater machuca", mas como instrumentalizar os indivíduos a fazerem isso? Como os ajudamos a lidar com seus sentimentos? Com que frequência falamos sobre o que estamos sentindo e nomeamos nossas emoções para os pequenos?

Conversar com a criança sobre as nossas emoções ajuda tanto a criar repertório e modelos de ação quanto inaugura espaço de diálogo para que nossos filhos possam encontrar naturalidade a fim de se abrirem, além de reconhecer e nomear suas emoções.

Um conflito comum no cotidiano da escola é quando uma criança retira o brinquedo da mão da outra que, por sua vez, acaba reagindo com a força física, chorando ou procurando ajuda de um adulto. O papel de cada um diante do ocorrido e a maneira como lidará com a situação vai depender do repertório e de estruturas construídas por cada indivíduo. Assim, podemos lançar mão de algumas estratégias para ajudar nessa construção de repertório e modelos de ação:

- **Escuta:** é preciso ouvir com interesse e imparcialidade cada criança envolvida, perguntando, sem antecipar a solução, por exemplo: "Mas o que foi que aconteceu?".
- **Acolhimento:** do ponto de vista da ética, todos os sentimentos são válidos, mas é preciso cuidar da forma com que eu os coloco para o outro. Assim, além de perguntar o que a criança sentiu, podemos ajudá-la colocando uma legenda no seu sentimento. "Puxa, eu entendi que você não gostou que ele puxou o brinquedo" ou "Eu entendi que você queria muito esse brinquedo e que você ficou chateado".
- **Elaboração de estratégias:** é fundamental dizer com clareza que bater não é aceitável ou permitido e devolver para o sujeito da ação o questionamento sobre que outra maneira ele teria para resolver isso. Nesse momento, algumas vezes é importante trazer certos modelos como repertório: "Você poderia ter pegado outro objeto", "Você poderia pedir ajuda de um adulto", "Você poderia explicar que estava precisando disso para fazer aquilo" etc.
- **Amparo:** ao observar um conflito, fica claro o que cada um ainda tem a desenvolver e elaborar sobre os seus processos vividos. Assim, se a criança ainda utiliza o choro para se colocar diante de uma frustração, ela mostra que esse é o recurso que ela tem naquele momento.

Quando sugerimos que a criança crie soluções sozinha ou que reproduza as colocações do adulto para colocar-se, estamos fazendo-a apenas repetir nossa fala, que é o que fazemos quando pedimos que ela vá pedir desculpas, por exemplo, banalizando, assim, o sentimento do outro e limitando a capacidade de reflexão que ela tem sobre sua atitude. Sugerir que a criança peça desculpas é um caminho "simples" para que o impasse acabe. É importante pensar em implicações para que possa estar no lugar do outro e poder realmente desejar uma mudança de atitude, não porque o adulto está sugerindo, mas pela construção da percepção da criança em relação ao que ela pode provocar no outro.

Consequência: a autonomia das crianças vai sendo construída à medida que os adultos atuam com elas e, a partir do modelo oferecido, vão podendo sair de cena. No início, é comum que recorram mais à intervenção dos pais ou professores, mas conforme vão crescendo, elas vão utilizando os recursos que têm para a resolução dos impasses.

Dessa forma, na ação direta diante de uma briga/disputa entre duas crianças, por exemplo, cabe ao adulto atuar com imparcialidade para que ele possa permitir que elas narrem a situação de acordo com suas perspectivas, de modo que, então, seja possível acolhê-las e ajudá-las a perceber suas ações e as consequências delas para si e para o outro.

Por exemplo, se duas crianças estão brigando por um brinquedo e o adulto tira-o delas, alegando que o perderam por não saberem brincar, ele está tirando, também, a possibilidade de diálogo e busca por uma solução, assumindo esse conflito como sendo dele.

A mediação do adulto é importante, pois como ainda são egocêntricas, nem sempre as ações das crianças conseguem ser justas ou incluir o sentimento do outro, mas com as ponderações dos adultos, elas vão criando essas habilidades,

Nessas situações, cabe ao adulto criar possibilidades para que as crianças elaborem estratégias de ação, de escuta e de diálogo. Buscar uma forma de atuação que envolva acolhimento, amparo, sem tirar a criança do conflito.

Se os responsáveis passam a vida assumindo os conflitos das crianças, como quando, um pouco maiores, elas esquecem de anotar o dever de casa e os adultos resolvem o problema, perguntando no grupo de pais do WhatsApp, por exemplo, como vamos querer que esse mesmo sujeito na adolescência e vida adulta tenha as ferramentas necessárias para dar conta das diferentes situações vividas? Como ele vai atuar nos conflitos das relações, nas escolhas profissionais, sem que tenha experienciado este lugar antes?

Com o tempo, vai sendo possível perceber a relação entre moral e autonomia. O indivíduo só é moral se ele é autônomo e, portanto, capaz de tomar decisões e pensar por si mesmo. A moral tem a ver com o que eu devo ser e como eu devo agir perante o outro e sobre o desenvolvimento das ideias dos sujeitos quanto à noção do que é certo ou errado.

É preciso entender o conflito como uma pista do que a criança precisa aprender. Assim, é importante devolver para a criança e, juntos, pensar em estratégias que auxiliem na formação de um sujeito autônomo, capaz de reproduzir as ações e valores aprendidos.

As crianças escutam com os olhos, por isso o exemplo é importante. Como eu digo para o meu filho atuar de modo pacífico se quando ele faz algo de errado eu bato ou grito com ele?

No caso de um comportamento que se repete, é importante dar suporte para que o indivíduo ocupe outro papel. Quando antecipamos o acontecimento, responsabilizando alguém antes mesmo de ouvir o que ocorreu, estamos tirando a possibilidade de aquela pessoa comportar-se de maneira diferente. Desse modo, o reforço positivo pode ser um aliado para que a criança perceba o quanto o outro acredita que ela é capaz de atuar de outra maneira diante da relação com o outro.

Crescemos ouvindo, na nossa ou em outras famílias, frases como: "Olha, a fulana come tudo, viu?" ou "Por que você não faz como o fulano?".

Comparar o comportamento dos filhos, mesmo que para elogiar, ajuda a gerar um ambiente de maior competição, portanto com mais conflitos.

A partir do pressuposto de que as crianças são protagonistas de suas aprendizagens, reproduzindo as ações a partir do que aprendem com o meio, compreender o conflito como constitutivo e necessário na formação do sujeito auxilia na desconstrução do olhar do adulto sobre um desenvolvimento saudável e respeitoso dos seus filhos em suas relações com o mundo.

17

A IMPORTÂNCIA DO AFETO NA PRIMEIRA INFÂNCIA

O cérebro humano é o mais incompleto entre todos os mamíferos ao nascer. Para bem se desenvolver, o bebê necessita de um ambiente favorável conforme cresce e no qual o fator crucial é a relação com sua mãe. Uma relação mútua de prazer entre a mãe e seu bebê é fundamental para que ele cresça saudável. Somos todos responsáveis por propiciar esse ambiente de cuidado amoroso entre a mãe e seu filho.

LUCIANA PEREIRA GRUMBACH CARVALHO

Luciana Pereira Grumbach Carvalho

Contatos
grumbach@mprj.mp.br
Instagram: @lugrumbach / @poscriancas

Promotora de Justiça do Ministério Público do Estado do Rio de Janeiro (MPRJ). Titular da 1ª Promotoria de Justiça de Infância e Juventude de São João de Meriti/RJ. Graduada em Direito pela UERJ (2002) e mestranda em Direito Público pela mesma universidade. Especialista em Crianças, Adolescentes e Famílias pelo IERBB/MPRJ (2021). Cocoordenadora e professora da pós-graduação em Crianças, Adolescentes e Famílias do IERBB/MPRJ. Integrante do programa de Liderança Executiva em Desenvolvimento da Primeira Infância do Núcleo Ciência pela Infância/Harvard (2018). Tutora e conteudista do Curso Marco Legal da Primeira Infância e Suas Implicações Jurídicas do Conselho Nacional de Justiça (CNJ); membro do Conselho Consultivo do Observatório Nacional da Adoção (OBNAD); associada do Proinfância (Fórum Nacional dos Membros do Ministério Público da Infância e Adolescência).

Até o ano de 2016, não tínhamos no Brasil uma definição legal de primeira infância, mas apenas conceitos de outras áreas do conhecimento, como a psicologia, a medicina e a pedagogia. Com a publicação da Lei n. 13.257, conhecida como Marco Legal da Primeira Infância, em 8 de março de 2016, o legislador brasileiro definiu a primeira infância como o período que abrange os seis primeiros anos completos de vida da criança[1].

Esse critério utilizado pela lei brasileira para definir a primeira fase de vida do ser humano é fundado em conhecimentos científicos sólidos sobre o desenvolvimento do cérebro humano.

Quando um ser humano nasce, o seu cérebro ainda não está pronto. Embora o bebê nascido a termo tenha a aparência de estar completamente formado, em uma proporção menor, os órgãos que compõem seu corpo crescerão de tamanho e o cérebro, particularmente, mudará de tamanho e de forma (JENSEN, 2016, p. 30).

Com cerca de 40% do tamanho que terá na vida adulta, o cérebro humano passará por um processo intenso de expansão e desenvolvimento na primeira infância (JENSEN, p. 35).

Esse processo é, na verdade, resultado da evolução humana, na medida em que, para deixar de caminhar sobre as quatro patas, como nossos ancestrais primatas, e passar à posição ereta, houve um custo maior para as mulheres. Isso porque, para caminhar de pé, elas necessitaram de uma cintura mais estreita, contraindo o canal do parto e, com uma cabeça grande do feto, o risco de morte no parto tornou-se muito alto para as mães e para os próprios bebês.

Nesse sentido, de acordo com os cientistas, as mulheres que pariam de maneira prematura tinham mais chances de sobreviver, devido ao tamanho menor e maior maleabilidade da cabeça do bebê. Com isso, a seleção natural deu preferência aos partos prematuros e, por isso, em comparação com os outros mamíferos, os seres humanos nascem cedo (VANDERMEULEN, 2020,

---

1 Art. 2º, Lei 13.257/16: "Para os efeitos desta Lei, considera-se primeira infância o período que abrange os primeiros 6 (seis) anos completos ou 72 (setenta e dois) meses de vida da criança".

p. 32). E justamente porque nasce incompleto o cérebro humano cresce e se modifica durante a vida, em um processo contínuo de transformação, sendo impactado diretamente pelas experiências individuais (JENSEN, 2016, p. 35).

O bebê recém-nascido tem mais neurônios do que em qualquer outra época da vida, mas a maior parte das sinapses, ponto de contato entre os neurônios onde ocorre a transmissão de informações, não está plenamente formada no córtex cerebral. Após o nascimento, nos primeiros meses e anos, ocorre um dos chamados períodos críticos do desenvolvimento humano, no qual o cérebro criará a quantidade espantosa de dois milhões de sinapses por segundo, de modo a permitir a aquisição de capacidades e habilidades (JENSEN, pp. 50-52).

Na adaptação do livro *Sapiens*, do escritor Harari, Vandermeulen e Casanave utilizam uma metáfora muito interessante sobre o desenvolvimento cerebral humano. Afirmam eles que a maioria dos mamíferos sai do útero como a cerâmica esmaltada sai do forno, de maneira que qualquer tentativa de remodelar causará danos. Já os humanos saem do útero como vidro fundido, permitindo torcer, esticar e moldar com uma enorme liberdade (VANDER-MEULEN, 2020, p. 33).

O que distingue o cérebro humano dos demais mamíferos é a resposta dos bebês às interações humanas, que influenciarão como se desenvolverão. A descoberta de neurônios espelho confirmou que nós, humanos, estamos conectados às outras pessoas desde o início da vida (GERHARD, 2015, p. 49).

Ainda dentro do útero, os bebês humanos já estabelecem uma conexão com as características dinâmicas de seus ambientes (BOYCE, 2020, p. 120) e continuam a mantê-las após o nascimento, junto a seus pais ou cuidadores permanentes.

A ciência que estuda a interação entre os genes humanos e o ambiente em que o indivíduo nasce e se desenvolve se chama epigenética. Essa relação intrigou por muito tempo os cientistas, e ainda levanta muitos questionamentos, levando à inquietante indagação do que importa mais, os genes ou o ambiente.

A história de três gêmeos idênticos que foram separados ao nascer e entregues a três famílias diferentes nos Estados Unidos, retratada no filme *Three Identical Strangers*, que se reencontraram por acaso aos 19 anos de idade, fez parte, descobriu-se mais tarde, de um projeto científico de um psiquiatra, que pretendia analisar de que maneira a genética influenciaria o desenvolvimento de cada um deles, criados por famílias com perfis socioeconômicos diferentes[2].

---

2 Documentário Three Identical Strangers (Três Desconhecidos Idênticos), de Tim Wardle.

Desprovida, porém, de fundamentos éticos, a pesquisa foi fruto da curiosidade científica de algumas pessoas sobre o binômio genética *versus* cuidado e acabou por revelar três pessoas com muitas características em comum, embora tenham crescido separados, mas com personalidades próprias e autênticas, dando pistas de que o ambiente tem papel primordial no desenvolvimento da personalidade.

Mais de cinquenta anos após o início do referido experimento científico, o que a ciência tem revelado é que há uma combinação interativa entre os 25 mil genes humanos e as experiências individuais, afetando, assim, de maneira própria e individualizada, o destino humano (BOYCE, 2020, p. 129).

As experiências vivenciadas por cada pessoa propiciarão modificações químicas do genoma, que controlam quando, onde e até que ponto genes específicos são decodificados e expressos ou silenciados (BOYCE, p. 131).

No século passado, ainda antes da disponibilização de exames de ressonância magnética, alguns profissionais dotados de especial sensibilidade e sabedoria já alertavam sobre a importância crucial que a qualidade dos cuidados parentais na vida de uma criança, em seus primeiros anos, tem sobre a sua saúde mental futura (BOWLBY, 2020, p. 3).

Essa qualidade dos cuidados é propiciada, essencialmente, quando a mãe cuida de seu filho com prazer. O bebê e a criança pequena precisam vivenciar uma relação calorosa, íntima e contínua com a mãe, na qual ambos encontrem satisfação e deleite (BOWLBY, 2020, p. 4). Dizia Bowlby que "para o bebê, o amor e o prazer que a mãe tem com ele representam seu alimento espiritual". (BOWLBY, 2020, p. 8).

Essa teoria se confirmou ao longo dos anos com a chegada de ferramentas tecnológicas capazes de mapear o cérebro humano, concordando os cientistas mais modernos que são as relações prazerosas do bebê com seus pais ou cuidadores que permitirão um desenvolvimento saudável.

O córtex pré-frontal, parte do cérebro responsável pelas funções executivas (capacidade de gerar discernimento, juízo, abstração e planejamento) e que apresenta uma explosão de novas sinapses entre os 6 e 12 meses de idade (JENSEN, 2016, p. 40), depende da qualidade das interações do bebê com seu cuidador para se desenvolver plenamente (GERHARD, 2015, p. 61).

Diversamente, uma relação frágil entre o bebê e sua mãe influenciará de modo negativo esse desenvolvimento. No século passado, já havia inúmeros estudos constatando que uma criança privada dos cuidados maternos é quase sempre impactada no seu desenvolvimento físico, intelectual, emocional e social, estando sujeita a surgirem sintomas de doença física e mental, sobretudo as menores de sete anos (BOWLBY, 2020, p. 12).

Isso muito provavelmente ocorre porque o cérebro do bebê e da criança ainda está "tomando forma", necessitando ser exposto, naquele período sensível, à influência de um organizador psíquico, que é a mãe ou aquela pessoa que a substituirá permanentemente (BOWLBY, 2020, p. 54).

Mas a leitora que é mãe não precisa se angustiar. Como nos ensinam os especialistas, o amor materno de que uma criança precisa costuma ser muito facilmente encontrado no seio da família, não existindo nenhum outro tipo de relacionamento humano em que um indivíduo "se coloque de maneira tão irrestrita e contínua em favor do outro" (BOWLBY, 2020, p. 70).

E mesmo que esse relacionamento não seja "perfeito", o cuidado, a constância e o afeto compensam as falhas dessa mãe que, inevitavelmente, ocorrerão. O bebê não precisa de uma mãe que nunca se cansa ou não comete erros, mas sim de uma mãe disponível, que gere no seu filho a segurança de que, quando ele precisar, ela estará lá para atender às suas necessidades.

Outra referência no tema do desenvolvimento humano, o médico inglês Winnicott (1896-1971) já alertava que, para que o bebê se converta em um adulto saudável, é necessário que lhe seja assegurado um bom princípio, o qual é garantido, na natureza, pelo vínculo entre a mãe e seu bebê (WINNI-COTT, 2020, p. 17).

A esse vínculo, Winnicott nomeia amor e, segundo ele, se uma mãe ama seu filho, ele receberá um bom princípio. Não são necessárias condições perfeitas para que um bebê se torne um adulto saudável, bastando que essas condições sejam suficientemente boas (WINNICOTT, 2020, p. 203), isto é, que atendam, de modo confortador e acolhedor (ABUCHAIM, 2016, p. 6), às suas necessidades à medida que elas surjam.

Por isso, crescer em um ambiente desprovido de um cuidador único e responsivo ao bebê ou à criança, como as instituições de acolhimento, nas quais viviam, no ano de 2020, cerca de 33 mil crianças e adolescentes[3], pode ser tão maléfico para a saúde humana e, consequentemente, para toda a sociedade.

É fundamental, portanto, que o Estado, a sociedade e a família[4] assegurem que as mães, ou suas substitutas permanentes, possam se dedicar exclusivamente

---

3 Informação obtida no site https://www.gov.br/cidadania/pt-br/noticias-e-conteudos/desenvolvimento-social/noticias-desenvolvimento-social/relatorio-do-ipea-registra-avancos-na-cobertura-e-na-qualidade-da-oferta-dos-servicos-de-acolhimento-institucional-para-criancas-e-adolescentes

4 Art. 227, CR/88.

aos cuidados de seus filhos, criando os alicerces da saúde de seu bebê. Como nos alertou Winnicott (2020, p. 27), é algo que vale a pena.

Esse período de dedicação ao bebê constitui o maior investimento que se pode fazer no indivíduo, reverberando de maneira positiva para a sociedade, que terá um membro seu, dotado de saúde física, cognitiva e socioemocional.

É claro que a dedicação materna não exclui a importância da existência de outros fatores, tais como moradia adequada, acesso a saneamento e higiene, cuidados básicos de saúde e alimentação balanceada (SANTOS, 2014, p. 8), mas esses elementos, desprovidos de uma relação saudável da criança com seu cuidador, não terão o efeito de propiciar a ela um desenvolvimento pleno, atingindo as melhores condições de desempenho (SANTOS, 2014).

Como conclusão do nosso trabalho, queremos deixar como mensagem a necessidade de todo bebê ser amado e cuidado por sua mãe ou quem a substitua de modo permanente, assim como é imprescindível que as condições necessárias para que uma mãe se dedique integralmente ao seu filho nos primeiros meses e anos de vida sejam fornecidas pelo Estado, família e sociedade, de maneira igualmente responsável. E, para finalizar, encerramos com a frase famosa e impactante de Urie Bronfenbrenner, que nos diz que "toda criança precisa de, pelo menos, um adulto que seja louco por ela".

Referências

ABUCHAIM, B. O. *et al. Importância dos vínculos familiares na primeira infância: estudo II* / organização Comitê Científico do Núcleo pela Infância; São Paulo: Fundação Maria Cecília Souto Vidigal – FMCSV, 2016 (Série Estudos do Comitê Científico: NCPI; 2).

BOWLBY, J.; AINSWORTH; M. D. S. *Cuidados maternos e saúde mental.* Tradução: Vera Lúcia Baptista de Souza e Irene Rizzini. 6. ed. São Paulo: Martins Fontes, 2020.

BOYCE, W. T. *A criança orquídea: por que algumas crianças têm dificuldades e o que fazer para que todas floresçam.* Tradução: Renato Marques. Rio de Janeiro: Objetiva, 2020.

BRASIL. Constituição (1988). *Constituição da República Federativa do Brasil.* Brasília, DF: Centro Gráfico, 1988. Disponível em: <http://www.planalto. gov.br/ccivil_03/constituicao/constituicao.htm>. Acesso em: 12 jul. de 2021.

JENSEN, F. E.; NUTT, A. E. *O cérebro adolescente: guia de sobrevivência para criar adolescentes e jovens adultos.* Tradução: Lúcia Ribeiro da Silva. Rio de Janeiro: Intrínseca, 2016.

SANTOS, D. D., et al. O Impacto do Desenvolvimento na Primeira Infância sobre a Aprendizagem: estudo I / organização *Comitê Científico do Núcleo pela Infância.* São Paulo: Fundação Maria Cecília Souto Vidigal – FMCSV, 2014 – (Série Estudos do Comitê Científico: NCPI; 1).

VANDERMEULEN, D. *Sapiens: uma história em quadrinhos*: v. 1: o nascimento da humanidade. Tradução: de Érico Assis. São Paulo: Quadrinhos na Cia., 2020.

WINNICOTT, D. W. *A criança e o seu mundo.* Tradução: Álvaro Cabral. 6. ed. Rio de Janeiro: LTC, 2020.

18

MATERNIDADE SEM PAI
ALGUMAS REFLEXÕES EM TORNO DAS FUNÇÕES MATERNA E PATERNA

O presente capítulo tem como objetivo desmistificar os "fantasmas" e medos em torno da educação da criança, experimentados pela mãe, diante da ausência do pai. Para tal, vamos além da figura do pai real, vamos refletir sobre o que é fundamental para a saúde psíquica da criança: as funções materna e paterna.

MÁRCIA MATTOS

Márcia Mattos

Contatos
marciaapprendere@gmail.com
Instagram: @marciamattospsi

Psicanalista, membro titular da Formação Freudiana, no Rio de Janeiro. Sócia da Clínica Apprendere. Graduada em Pedagogia pela USU, pós-graduada em Psicopedagogia pelo CEPERJ e especialista em Orientação Profissional.

Pode ser por escolha ou por falta de escolha, mas não é raro mulheres seguirem a maternidade sem o pai do bebê. Muitas vezes dúvidas, angústias e medos se presentificam em torno de questões, tais como: será que a figura paterna fará falta para o desenvolvimento e a formação da criança? Será que vou conseguir suprir essa ausência? Como criar um filho sem pai?

A fim de mergulharmos neste tema, vale ressaltar, previamente, que não vamos tratar do pai de carne e osso, do pai real, do pai idealizado, que muitas vezes vemos estampado em revistas e perfis de família no Instagram ou em outras redes sociais, como possibilidade de uma família feliz.

É certo que o pai real tem sua importância, mas do ponto de vista da psicanálise podemos ir além da ideia do que um pai representa. Proponho aqui falarmos da figura paterna de outro lugar: do pai enquanto função. O que torna imprescindível falar também da mãe enquanto função. Dessa forma, a abordagem do artigo segue o viés da importância das funções paterna e materna para o desenvolvimento saudável do filho e não da ausência do pai, como pessoa, pois ainda que a figura do pai inexista, a existência das funções é indispensável.

Com o objetivo de refletir sobre a temática das funções, é relevante atravessar alguns pontos que possibilitam revisitar um contexto há muito inquestionável e durante séculos imutável, que envolve desde a concepção até a educação do bebê.

Para tal, vamos estabelecer a distinção entre sexo e gênero e, assim, contextualizar a função.

Comecemos pelo sexo

Do ponto de vista da biologia, o sexo é definido pelos genitais: macho/fêmea. Quando falamos em reprodução, é indispensável a fecundação do óvulo pelo espermatozoide, o que pode acontecer a partir do ato sexual entre a fêmea, portadora do óvulo, e do macho, portador do espermatozoide... Ou não. Isso mesmo, pois o ato sexual, que antes era fundamental para procriação, hoje, não é mais.

Os novos tempos e os avanços científicos proporcionam novas formas de gerar um bebê, como a fertilização artificial, a inseminação, o banco de óvulos ou de esperma, a barriga de aluguel. Sim, há novas formas de fecundação, em que o ato sexual não é mais imprescindível. Dessa forma, a mulher (também o homem) pode realizar seu desejo de ter um filho, sem a existência de um parceiro.

Quando falamos em gênero

Somos levados a pensar em masculino e feminino. Culturalmente, se projeta a expectativa de que uma pessoa do sexo biológico masculino se identifique com o gênero masculino, assim como uma pessoa do sexo biológico feminino se identifique como o gênero feminino e, dessa forma, atendam aos comportamentos, escolhas e papéis sociais representados por seu respectivo gênero. Contudo, é importante desvincular o sexo biológico do gênero, posto que este último é uma construção social. A escritora francesa Simone de Beauvoir nos instigou essa reflexão, com sua emblemática afirmação: "Ninguém nasce mulher, torna-se mulher". O que nos livra das amarras da anatomia e nos remete à ideia de que o gênero é construído a partir das identificações. Dessa forma, o gênero rompe com o sexo (macho/fêmea) e trilha sua construção a partir de outros referenciais, que não biológicos, mas de identificações.

A partir dessa quebra de paradigmas, vamos então falar sobre a função, que é o mais importante para nosso tema.

No contexto familiar, o exercício das funções materna e paterna é fundamental para o desenvolvimento saudável do filho. Porém, materno e paterno, dentro da perspectiva abordada, não se encaixam necessária e respectivamente na figura da mãe e do pai, do masculino ou do feminino, em que o materno fica circunscrito à mãe e o paterno ao pai.

IMPORTANTE: quando falamos em função, estamos falando do papel exercido na família e as figuras que representam esse papel/função independem do gênero. Logo, não é essencial que haja a figura de um pai para que a função paterna aconteça (assim, valendo para a função materna). O importante é que alguém ocupe essa função.

Vamos então falar dessas funções.

O que seria a função materna?

A função materna é fundamental para que o bebê se constitua psiquicamente, uma vez que a ela cabe transmitir o desejo ao bebê, sobretudo o desejo de existência. Cabe transmitir um sentimento de pertencimento a uma história, à sua história. É preciso que a criança experimente o sentimento de que ocupa um lugar na vida do outro, que é desejada e amada. Os desdobramentos desses primeiros laços, envolvidos pelo desejo e exercidos por quem ocupa o lugar da função materna, serão determinantes para a constituição da subjetividade da criança.

Aquilo que parece básico: cuidar, alimentar, trocar a fralda, fazer ninar, olhar, falar com o bebê, são constitutivos para sua formação. Segundo o psicanalista e pediatra inglês Donald Winnicott, não existe um bebê separado do seu cuidador. Para ele, a mãe ou seu substituto tem duas funções básicas: o *holding* e o *handling*. O que seriam essas funções?

• *Holding*

Traduzido como "segurar", trata do suporte físico e psíquico oferecido ao bebê pelo seu cuidador, que acontece por meio de uma rotina, cercada de afeto, em seus cuidados, como alimentar, limpar e proteger, pois o bebê precisa estar fisicamente seguro e psicologicamente acolhido.

• *Handling*

Traduzido como "manejo", diz respeito ao contato pele com pele entre bebê e cuidador. Faz referência aos cuidados físicos e envolve o manuseio corporal do bebê durante os suportes básicos como banho, troca e amamentação. O *handling* auxilia a formar as bordas do corpo, isto é, os braços de quem se ocupa da função materna fazem o contorno necessário, seguram de tal forma que possibilita harmonizar a vida psíquica com o corpo, a diferenciar o Eu do outro.

Desse modo, o par "segurar-manejar" é fundamental para o estabelecimento das bases mínimas que possibilitarão a instauração de um ser saudável e criativo.

A princípio, a criança não sabe o que acontece em seu corpo, não sabe quando tem frio, fome e, se deixada sozinha, não sobreviverá. Caberá, então, a quem desempenha a maternagem ir nomeando esses sentimentos, dando contornos ou sustentando, a partir das necessidades de um bebê, não apenas sua vida, mas os seus desejos, que dizem a essa criança quem ela é, o que ela quer. A maioria das mães que se ocupa da função materna age naturalmente dessa forma. Vejamos alguns exemplos:

- Quando o bebê sorri, o adulto representante da função materna diz: "Olha, está feliz porque a mamãe chegou".
- Quando chora, diz: "Aah, está com fome, vamos comer".
- Quando o bebê parece chateado, diz: "Aah, você queria que a água estivesse mais morninha.. Mamãe vai esquentar".
- Quando o bebê está sacudindo as perninhas no berço: "Parece que você quer ficar um pouco no colo, como gosta de ser embalado... Vou cantar pra você".

Embora saibamos que a criança ainda não é capaz de fazer essas associações, o que está em jogo é o fato de o adulto ser capaz de já supor algum desejo/sentimento nela, porque acredita que ali há um sujeito em desenvolvimento. Portanto, suprir as necessidades básicas do bebê, orgânicas e emocionais, a partir da capacidade de colocar-se no lugar dele, entender o que sente e devolver-lhe, em forma de significantes, é fundamental para inscrever um sujeito nesse bebê.

Assim, a função materna sustenta para a criança uma imagem que serve para ela como referência para constituir-se subjetivamente. O que significa dizer que a criança tem condições de tornar-se um sujeito, uma pessoa única, com todas as particularidades que a fazem um ser singular, com sua forma de pensar, falar e agir no mundo.

O que seria a função paterna?

A função paterna é igualmente importante para a constituição psíquica da criança, visto que a ela compete a apresentação dos limites e das leis, que inserem o sujeito no âmbito social.

Logo após o nascimento do bebê, mãe e filho vivem uma relação simbiótica, importante no início, como vimos, porém, insalubre se interminável.

Num primeiro momento, atendendo a essa necessidade inicial, a função paterna é a de proporcionar um ambiente tranquilo e favorável para que a mãe (ou quem ocupa a função materna) possa cuidar do bebê.

Contudo, à medida que a criança vai crescendo, essa relação simbiótica entre mãe e bebê pode tornar-se prejudicial para ambos. Portanto, é de responsabilidade também do pai (ou de quem ocupa a função paterna) fazer o corte, agir como interditor e interromper a simbiose mãe/bebê. Nesse sentido, o pai, enquanto função interditora, possibilita o processamento dos primeiros afastamentos necessários para o desenvolvimento da criança e sua estruturação psíquica.

Atenção! O papel do pai ou de quem se ocupa da função paterna deve ser exercido com muito tato e cuidado. Quando falamos em corte, falamos em espaço para que possa entrar no processo junto à mãe. Um pai, desde sempre, vai imprimindo essa posição quando, por exemplo, está ali como suporte da mãe e do bebê.

Se fôssemos analisar mais profundamente essa participação, entraríamos na importância do pai ou de um terceiro, desde a gravidez, quando uma segunda voz constante fala com ela ao longo dos meses de gestação.

Após o nascimento do bebê, essa mesma voz conhecida desde que frequentava a barriga da mãe será bem-vinda em situações tais como: ao ser trazido do berço para ser amamentado pela mãe, quando participa do banho do bebê, quando faz a troca de fraldas, quando canta a mesma musiquinha da qual ele escutava ao longo dos meses que era gestado.

O pai funciona como agente mediador do desejo da mãe e do filho, sendo o transmissor da lei e da autoridade. Ao mesmo tempo em que convoca a mãe a desfocar do olhar exclusivo para o filho e dedicar-se a outros objetos do seu interesse, apresenta-se ao filho como o primeiro "outro" que existe em sua vida, que passa a se relacionar com ele. O pai interrompe a simbiose que existe entre a mãe e o bebê, para conectá-lo ao mundo. A relação com o pai será o alicerce no qual a criança construirá seus laços sociais, sua relação com a sociedade e com o mundo. As ressonâncias da função paterna se presentificam no decorrer da vida do sujeito e serão evidenciadas nas futuras relações que estabelecerá com o círculo social.

À medida que a criança é submetida à lei do pai, consequente e invariavelmente é colocada em contato com a lei do desejo do outro, podendo assim vivenciar a alteridade. Somente a partir desse aprendizado, é possível viver de modo saudável, em sociedade. Estabelecer relação com o próximo, com o mundo e reconhecer sua importância, assim como seus limites em seu círculo de relacionamentos.

A partir da compreensão do funcionamento das funções materna e paterna, fica claro o quanto elas são complementares, estando intrinsecamente ligadas. Isso quer dizer que uma não se sobrepõe, muito menos anula a outra. Pelo contrário, devem caminhar juntas, pois são igualmente essenciais para a formação integral do sujeito. A desarmonia, ou seja, a inexistência ou sobreposição de uma função em relação à outra, pode trazer prejuízos à formação da criança. É preciso sentir-se amado, para tornar-se desejante, assim como é preciso internalizar limites e leis para ter empatia e um bom convívio social.

É importante ressaltar que, ao falarmos sobre a função materna, não estamos engessando à mãe os cuidados da criança, da mesma forma que, quando falamos sobre a função paterna, não restringimos à figura do pai. A função não está aprisionada ao gênero. O que significa dizer que é possível criar uma criança saudável, do ponto de vista psíquico, sem a figura paterna ou materna, uma vez que o exercício de cada função seja garantido.

Dessa forma, entendemos que, independentemente do modelo de configuração familiar, o exercício das funções pode fluir sem obedecer a uma regra. Por exemplo, numa família constituída por pai, mãe e filho, as funções materna e paterna podem se alternar entre os adultos; ou numa família formada por mãe, mãe e filhos; pai, pai e filhos; mãe e filhos; pai e filhos... o que está em jogo é o desejo e responsabilidade sobre a criança e o entendimento da necessidade de existência das duas funções.

Não se pode evitar que a criança pergunte pelo pai (real). Nesse caso, é fundamental que a mãe não confunda a relação entre os adultos, com a do pai e filho e, ainda que o pai seja ausente, desconhecido ou afastado, é importante que a mãe use a linguagem do afeto, ao referir-se a ele, evitando, assim, que a criança experimente o sentimento de abandono... Mas isso vale outro artigo. Portanto, ainda que a criança possa ter curiosidade por conhecer as figuras parentais reais, ausentes em sua vida, do ponto de vista de sua saúde psíquica, ela precisa que as funções materna e paterna sejam exercidas.

Educar um filho sem a presença do pai (ou da mãe) não é justificativa nem tendência para a formação de uma criança adoecida psiquicamente. A família precisa ser funcional e família funcional é aquela em que as funções funcionam.

19

DO BEBÊ IMAGINÁRIO AO BEBÊ REAL

Trata-se da questão do bebê imaginário, das fantasias que antecedem a gestação e do impacto no vínculo entre pais/bebês reais. São indicadas as consequências da diferença entre o bebê imaginário e o bebe real em forma de ruídos ou na inviabilização do vínculo. Por fim, aponta-se a prevenção, pelos profissionais de saúde, como fundamental para a elaboração do luto pela perda do bebê imaginário.

MARLENE BRAZ

Marlene Braz

Contatos
braz2@lwmail.com
Facebook: Psicanálise em pílulas

Médica psiquiatra e psicanalista, mestre em Saúde da Criança e da Mulher pelo Instituto Fernandes Figueira/FIOCRUZ, área de Psicanálise. Doutora em Ciências pela FIOCRUZ, área de Ética e Bioética. Autora de dezenas de artigos e capítulos de livros. Organizadora de duas coletâneas. Tem experiência clínica de 30 anos como psicanalista de crianças, adolescentes e pais. Docente e pesquisadora na área de psicanálise e bioética. Atualmente em consultório particular, prestando consultoria na área da psicanálise e ética.

Tornar-se mãe ou pai é complexo, configurando um somatório de processos emocionais vividos por homens e mulheres. Entre esses processos se sobressaem, na mulher, as fantasias em relação ao bebê que se deseja ter, uma crise de identidade pela passagem da condição de filha para a de mãe, as mudanças corporais e hormonais. O homem também tem suas fantasias e, ademais, sente a perda do lugar de favorito da mulher e o aumento da responsabilidade como provedor.

Na literatura psicanalítica, só aparece a figura feminina e, por isso, faz-se necessária uma atualização. Cada vez mais vemos homens muito presentes e envolvidos em todo o processo de gestação, nascimento e criação dos filhos.

Três questões guiam nossa reflexão:

- O que é o bebê imaginário?
- O que acontece se o bebê imaginário não corresponde ao bebê da realidade?
- Como prevenir a frustração e até a rejeição do bebê real?

Às referências teóricas, junta-se a experiência clínica de mais de 30 anos no atendimento de pais e crianças com problemas genéticos, prematuridade, assim como aqueles com filhos sem deficiência física ou mental, mas que apresentam um vínculo fragilizado ou ausente. Aceitar o outro como se apresenta pode parecer difícil para os pais sem ajuda especializada.

O que é o bebê imaginário

O bebê imaginário estaria relacionado às fantasias, às percepções e aos sentimentos tão somente maternos. A clínica atual não pode prescindir das fantasias paternas e de suas interferências.

Como postula Szejer e Stewart (2002): "Um filho é, inicialmente, o desejo de um homem, o desejo de uma mulher e do encontro desses dois desejos nascerá um terceiro desejo, desejo de vida que vai se encarnar no corpo do filho".

O processo de tornar-se mãe e/ou pai, assim como as fantasias em relação ao filho imaginário, abrange um período maior que o da gravidez e do parto. Ele chega antes, almejado como natural: casar-se, ter filhos, ser mãe, ser pai. É um processo gradativo que vai tomando contornos definidos na gravidez e logo após o nascimento, quando a realidade de um filho se impõe. Ser pai/mãe difere de querer ter um filho. O desejo da materpaternidade sem imaginar o filho com todas as atribulações envolvidas pode significar problemas.

O bebê imaginário faz parte do desejo de ter um(a) filho(a) e sua concepção tem raízes inconscientes, sendo nada mais que uma idealização do bebê. Ele portará todas as virtudes e atributos físicos, seja a preferência por determinado sexo e aparência. Além das qualidades físicas, destaca-se o tipo de personalidade. Como Freud (1914) destacou: "A criança concretizará os sonhos dourados que os pais jamais realizaram – o menino se tornará um grande homem, e a menina se casará com um príncipe como compensação para sua mãe. O amor dos pais, tão comovedor e no fundo tão infantil, nada mais é senão o narcisismo dos pais renascido, o qual transformado em amor objetal, inequivocamente revela sua natureza anterior".

Os pais, embalados pelas fantasias do bebê imaginário, podem não convergir em seus desejos. Outro fato é que a ausência de fantasia em relação ao bebê pode impossibilitar o vínculo.

O bebê da realidade aos poucos vai se concretizando para os pais, por meio de seus movimentos no interior do corpo da mãe. Também é um momento de preocupações com o desenvolvimento fetal ou o aparecimento de alguma doença. Os pais, também, começam a nomear e dar sentido às manifestações fetais. "Ele é quieto", "agitado" etc. As fantasias e idealizações vão se conformando com a realidade, porém podem não ser compatíveis. As fantasias, por outro lado, são singulares e as características desejáveis não se interpõem às indesejáveis. Ambas importam e vão determinar o sucesso ou o fracasso do vínculo a ser estabelecido.

Lembro, também, que cada filho será vivido e representado de maneira distinta. Não há uma gestação igual a outra e em cada nascimento o bebê imaginário será fantasiado com outras vestes e versões. Assim, teremos tantos filhos imaginários quantas forem as gravidezes.

Todas as representações em relação ao bebê imaginário ocupam um lugar importante no psiquismo materno e paterno e têm a função de acolher tanto os atributos quanto as manifestações que emergem do bebê real, preparando o casal para o evento que inaugura o que advém de estranho e imprevisível que se dá pela chegada do bebê.

Ao nascer, podemos ouvir a seguinte frase: "Meu bebê é como eu sonhei". Neste caso, só resta felicitar o casal, caso ambos tenham o mesmo sentimento. Filho desejado e saído da forma como foi almejado é bênção.

Outra frase, porém, é pensada, mas geralmente não é falada: "Meu bebê não é como eu sonhei".

O bebê da realidade não é como o imaginário

Logo e após o nascimento, as fantasias e representações do bebê imaginário são confrontadas com o bebê nascido com suas reais características e, se não forem compatíveis, pode ocorrer um ruído na relação ou mesmo uma rejeição. Alguns exemplos da dissonância:

Caso 1: depois de dois filhos homens, a mãe tenta a terceira gravidez, certa de que será menina. Na hora do parto, a mãe descobre que era outro menino. Recusa-se a olhar para ele. Sendo sua terceira cesárea, foi obrigada a ligar as trompas. O bebê permaneceu no berçário até a alta e ela solicitou que secassem seu leite.

Caso 2: o casal de origem oriental veio ao nosso país para tentar uma gravidez por fertilização *in vitro*. O país de origem não permitia. Depois de várias tentativas, o médico conseguiu três embriões saudáveis, todos do sexo feminino. Quando o pai soube, mandou o médico jogar no lixo.

Além dessa questão de preferência de sexo, há a descoberta de que o filho é portador de alguma deficiência física ou mental.

Caso 1: a criança nasce com síndrome de Down. O pai não aceita de modo algum. Culpa a mulher e os médicos. Disse que ela deveria ter sido deixada como nasceu, sem respirar.

Caso 2: o bebê nasce pré-termo aos 6 meses de gestação. Sua internação seria longa e foi solicitado à mãe que viesse todos os dias retirar seu leite para o bebê. Depois da alta, ela apareceu uma vez, não conseguia ficar perto da filha, nem olhar para ela. Disse que não a reconhecia. Em seguida, afastou-se por completo. A criança veio a óbito. A mãe não foi encontrada para enterrar a filha.

Caso 3: pai e mãe de cabelos e olhos castanhos tiveram um filho louro de olhos azuis. Estranharam mesmo sabendo que em ambas as famílias tinham pessoas iguais. Cada vez que saiam à rua, as pessoas comentavam que ele não se parecia com os pais. O pai passou a desconfiar da mãe e acabou por abandonar a casa e desapareceu.

Esses casos servem para ilustrar as diferentes fantasias presentes no imaginário materno/paterno; porém, como apontaram alguns autores (BERNARDI, R.; TENENBAUN, H.; DETEY, D. 2005), eles podem mudar no decorrer da gestação, como também se adequar à criança nascida longe do desejo dos pais. A mudança de aceitação do bebê real pode se dar se ele apresentar outras características positivas.

As representações, de outro modo, sofrem mudanças e se alternam, se antagonizam ou se complementam. A questão principal é o momento em que se deparam com o bebê real, o modo como se conduzirão em função das fantasias e o impacto no desenvolvimento (STERN, 1997).

Essas inferências, a partir de pesquisas, tiveram um valor preditivo para a relação pais/filho (STERN, 1997).

As fantasias maternas/paternas influenciam a conduta em relação ao bebê de modo direto e indireto. A mãe pode agir tecnicamente, sem afeto, por exemplo. O pai se recusa a segurar o bebê, a ajudar, a levantar à noite, trocar fraldas, ninar. Indiretamente pode afetar o relacionamento da mãe com o filho ao desmerecer os atributos do bebê.

O bebê real não sendo a cópia do imaginário traz decepção, frustração e até rejeição desse ser desconhecido que adentra a vida do casal.

Como prevenir a frustração e até a rejeição do bebê real

A primeira resposta a ser dada refere-se ao papel dos profissionais de saúde, tanto o corpo de enfermagem quanto os médicos obstetras e pediatras. Aos médicos, cabe perguntar sobre as expectativas da mãe e do pai em relação ao filho. Ouvir com atenção e esclarecer sobre o bebê imaginário e o real. No nascimento e após, encaminhar para a terapia, caso o profissional não consiga reverter um caso claro de problemas no vínculo afetivo.

A enfermeira tem papel importante por estar ao lado nas mamadas, podendo estimular o aleitamento e observando as dificuldades, como, por exemplo, não olhar para o bebê. Apesar da importância do olhar na constituição do sujeito, na atualidade, parece irrelevante. Destaco esta questão porque tenho assistido a um aleitamento sem qualidade. A tecnologia entrou na relação mãe/filho de modo precoce e nocivo. É fato quase corriqueiro o uso do celular durante a amamentação. O normal seria a mãe estar imersa naquele momento, respondendo com seu olhar ao olhar do bebê. Em vez disso, a mãe olha para a tela do celular e os olhos da criança se desviam para a telinha também. Lá as imagens mudam em velocidade. Faltam estudos nesse aspecto, mas ao tratarmos dessas mães e suas crianças, percebemos o aumento do espectro autista, como também um incremento do *déficit* de atenção. Estarão relacionados?

Ao perguntar para as mães, elas se dizem entediadas ao aleitar e aproveitam o momento para interagir com a rede social. O profissional de saúde deve alertar para esse aspecto mostrando a importância do olho no olho em todos os momentos em que estiver com o bebê. Quem quer ter um filho deve saber que a renúncia faz parte do pacote de ser mãe/pai. É um período pequeno, mas vital para um bom desenvolvimento emocional e preventivo de transtornos psíquicos. Sabemos não poder se evitar totalmente uma doença genética ou a transmissão de infecções, o que causa sofrimento, mas tudo pode ser amenizado ou superado se adequando ao filho real e estabelecendo um bom vínculo amoroso.

Importam muito, portanto, a prevenção e o preparo dos pais para o que virá evitando transtornos. Por outro lado, existem algumas perdas quando do nascimento, fazendo necessário um processo de luto, seja pela fusão mãe/bebê que acaba, seja pela frustração do bebê real. A elaboração (SOULÉ, 1987) da perda do bebê imaginário diante do bebê real pode ser facilitada se os profissionais de saúde perceberem e ajudarem conversando sobre o que está acontecendo. O investimento dos pais no bebê real marcará a diferença entre uma criança com bom desenvolvimento emocional de outra afetada pela falta dele. Quando a fantasia não combina com a realidade, os pais precisam fazer uma adaptação dos seus bebês imaginários para aquele real que se apresentou longe dos seus desejos. É necessário iniciar o investimento, começando por perceber as qualidades e os atributos não imaginados antes do nascimento.

Essa adaptação à criança real é fundamental para o vínculo pais-bebê.

A elaboração é a compreensão de que um bebê surgindo da cabeça era apenas uma fantasia e este que se apresenta, de fato, é o que importa, no qual se deve investir. O processo de elaboração se dá nos primeiros meses de vida, podendo ser ou não dificultado por uma doença, pelo contato e interação saudáveis entre os pais/bebê e, também, pela gestação e parto.

A elaboração permitirá o acolhimento do bebê real, propiciando a introdução dos desejos dos pais, adequando as fantasias à realidade.

Considerações finais

Neste percurso abordamos a questão do bebê imaginário versus o bebê real. Importou traçar a diferença em ser mãe/pai e ter um filho. As fantasias e as representações que constituem o bebê imaginário antecedem a gestação e interferem no vínculo pais/bebês reais. As fantasias referem-se aos atributos físicos e mentais advindos do narcisismo materno/paterno. Tão importante quanto as fantasias é a sua ausência por interferir negativamente no vínculo afetivo.

A diferença entre o bebê imaginário e o bebê real, se for muito distante, pode causar ruídos ou mesmo tornar inviável o vínculo pais/bebês.

Por fim, destacou-se a importância da prevenção no estabelecimento do vínculo entre pais/filhos e o desenvolvimento emocional. O luto pelo filho imaginário pode ser ajudado pelo agir dos profissionais de saúde que assistem o casal.

Referências

BERNARDI, R.; TENENBAUN, H.; DETEY, D. O mundo representacional da mãe ante as ações espontâneas do filho. In: OUTEIRAL, J. (Org.). *Clínica psicanalítica de crianças e adolescentes: desenvolvimento, psicopatologia e tratamento*. Rio de Janeiro: Revinter. 2005.

FREUD, S. Sobre o narcisismo: uma introdução. In FREUD, S. *Obras Psicológicas Completas*. Rio de Janeiro: Imago, 1914, vol. XIV. 1976, p. 98.

LEBOVICI, S. *O bebê, a mãe e o psicanalista*. Porto Alegre: Artes Médicas, 1987.

SOULÉ M. O filho da cabeça, o filho imaginário. In: BRAZELTON, T. B. et al. *A dinâmica do bebê*. Porto Alegre: Artes Médicas, 1987, pp. 133-170.

STERN, D. N. *A constelação da maternidade: o panorama da psicoterapia pais/bebê*. Porto Alegre: Artes Médicas, 1997.

SZEJER, M.; STEWART, R. *Nove meses na vida da mulher: uma aproximação psicanalítica da gravidez e do nascimento*. São Paulo: Casa do Psicólogo, 1997, 202, p. 55.

20

A IMPORTÂNCIA DO ENGAJAMENTO FAMILIAR NO PROCESSO DE APRENDIZAGEM

O processo de aprendizagem de uma criança é algo grandioso e a família é peça fundamental, sendo a primeira instituição na qual as primeiras aprendizagens acontecem. Este texto visa servir de orientação às famílias quanto à sua importância no processo de aprendizagem dos filhos, ressaltando este processo, nos primeiros anos de vida da criança, são fundamentais para o desenvolvimento dela nos diversos campos da vida.

PRISCILA RAMOS BARBOSA

Priscila Ramos Barbosa

Contatos
priramos.educar@gmail.com
Instagram: @priscilaramospsicopedagoga
Facebook: Priscila Ramos psicopedagoga clínica
21 99190 4611

Pedagoga graduada pelo Centro Universitário Augusto Mota (2002), pós-graduação em Psicopedagogia Clínica e Institucional (Universidade Estácio de Sá), Neurociências Pedagógicas (Universidade Cândido Mendes), Autismo (CBI of Miami), pós-graduanda em ABA – Análise do Comportamento Aplicada (CBI of Miami). Atuou como professora das séries iniciais do Ensino Fundamental, orientadora educacional e coordenadora pedagógica em rede privada de ensino na cidade do Rio de Janeiro, atuando em consultório particular como psicopedagoga clínica com crianças portadoras de transtornos de aprendizagem e neurodesenvolvimento como TDAH, autismo e síndrome de Down, alfabetizadora de crianças portadoras do espectro do autismo, criadora do projeto Crescer e Transformar, que visa ao atendimento a crianças de baixa renda da rede pública de ensino. Apaixonada por educação e desenvolvimento infantil.

O que vem a ser aprendizagem

Aprender é grandiosamente encantador. Para mim, essa seria a definição. Desde que nascemos, estamos em constante processo de aprendizagem. Na verdade, já iniciamos nossa aprendizagem quando ouvíamos e sentíamos nossos pais enquanto ainda estávamos na barriga de nossa mãe e, ao sair dela, nos acalentávamos ao ouvir suas vozes tão reconhecidas. É certo que esses momentos são fundamentais, isto é, são a base para as próximas etapas da criança com seus pais e o modo de aprender. No convívio com a família, a criança estabelece os primeiros laços afetivos, e não há aprendizagem saudável distanciada de afeto. Sendo assim, quanto melhores forem os vínculos estabelecidos com as figuras materna e paterna nesses primeiros momentos de vida, melhor.

E é nesse percurso que aprendemos a dar os primeiros passos, as primeiras palavras, balançávamos nosso corpo ao som de suaves e agitadas melodias, nos encantávamos ao ver o movimento de nossos corpos no espelho. E é no espelho que também a criança aprende quem ela é e que não é única. E olha para o lado, e reconhece os outros, ela os imita, escuta o que falam, repete...

Esse processo vai se ampliando e ela receberá muitas influências das pessoas que a cercam, as relações que vão se formando no cotidiano familiar e de todos que estão no entorno dessa família nuclear são responsáveis pelo desenvolvimento que a criança vai alcançando ao longo dos anos. E isso inclui valores éticos, morais e respeito ao próximo, dentre outros valores que conduzirão a vida da criança na sociedade.

Ao longo de toda nossa vida, estamos em constante evolução e aprendizado em exatamente tudo aquilo que fazemos, ouvimos e sentimos.

Aprender nos leva à compreensão de quem somos e o que desejamos e é o que nos motiva a caminhar e correr atrás e sair em busca de realizar nossos sonhos. Nesse sentido, qual pai e mãe não anseiam por acompanhar seus filhos na construção dos caminhos que os levam a suas próprias realizações?

Os pais são as peças principais do quebra-cabeça da aprendizagem dos filhos. São os primeiros a lhes mostrar o mundo (e a lhes oferecer os recursos necessários para que sejam capazes de transformar a si mesmo e o seu entorno).

É possível compreender o modo como a aprendizagem se dá a partir de diversas abordagens teóricas; no entanto, neste artigo, estou fundamentada nos conceitos de Lev Vygotsky.

Vygotsky, contrapondo as ideias vigentes à época, entendia que a aprendizagem não era apenas uma mera aquisição de informações, nem acontecia a partir de uma simples associação de ideias armazenadas na memória, mas era sim um processo interno, ativo e intrapessoal, Sendo assim, a partir dessa definição, podemos inferir que a aprendizagem se dá dentro do sujeito de acordo com suas percepções do mundo que o cerca.

O desenvolvimento cognitivo torna-se possível por meio da sua interação com outros indivíduos e com o meio. Não podemos deixar de reafirmar que a família é a principal facilitadora desse processo e, por isso, terá como função proporcionar uma aprendizagem significativa regada a valores e vínculos positivos.

Família e aprendizagem

Partimos do princípio de que o ser humano está em constante construção, tendo como ponto de partida a relação com a família, seu primeiro ambiente de socialização. Não é um processo fácil, pois a família traz no bojo todo o seu complexo, isto é, toda a sua história familiar, as questões transgeracionais afetadas ainda pelos acontecimentos atuais e por todas as interações culturais e sociais. E é nesse complexo de emoções e relações que a criança aprende.

Segundo Piaget (1982), em função das atividades realizadas no convívio social, a criança viverá momentos de desafios, porque o tempo todo é colocada a experimentar. Quando experimenta algo novo, há um desequilíbrio. Como assim desequilíbrio? Imagine que ela já tem um conhecimento, que reconhece o que já foi possível introjetar pela experiência. Em seguida, quando algo novo lhe é apresentado, o que era um conhecimento simples assume um grau de complexidade.

Por exemplo, o bebê: já reconhece alguns alimentos com uma determinada textura e os recebe bem. Depois de um tempo, ao receber os mesmos alimentos com uma nova textura, precisará passar pelo processo de adaptação. O processo natural é de que a cada experiência, que provoca um desequilíbrio, há o tempo de se equilibrar com essa nova descoberta. Esse é um processo evolutivo e interminável. Há uma renovação a cada descoberta.

A partir dessas questões, é possível reconhecer a importância da família no processo de aprendizagem, pois qualquer aprendizado novo somente poderá ser assimilado se existir uma base de conhecimento suficiente que proporcione a sua existência, e essa base de conhecimento se dá em ambiente familiar.

Nesse sentido, é possível compreender que, ainda que o processo de aprendizagem seja algo singular à experiência de cada criança, o modo como a família oferece os estímulos e acompanha será determinante para que a aprendizagem aconteça de maneira saudável.

O desenvolvimento da criança será determinado pela possibilidade que a família tem em ser uma facilitadora no processo que leva à aquisição de conhecimento.

Atenção, pais! A intervenção da família é fundamental, reconhecendo a importância de que acompanhar a criança não é fazer por ela, mas sim com ela. Sendo assim, uma das grandes funções dos pais no processo é de estimular a criança até que ela ganhe autonomia para realizar sozinha suas atividades. Isso vale para situações da vida diária, como aprender a amarrar os sapatos, escovar os dentes, colocar a própria roupa, comer sozinha, guardar brinquedos, materiais escolares e, também, aprender a lidar com emoções e relações com os pares.

Sabemos que, em pleno século XXI, a vida está mais que corrida.

Os pais passam a maior parte do tempo fora de casa a fim de dar o sustento, estudo e qualidade de vida a seus filhos, e o ato de parar para realizar algumas tarefas acaba sendo inviável, dependendo da rotina familiar. Porém, reservar momentos para trabalhar a autonomia dos filhos independente do tempo, **mas que seja de qualidade** impactará positivamente no processo de aprendizagem deles.

A participação dos pais no dia a dia da criança e o modo como atuam junto a cada uma delas será fundamental e refletirá inclusive no que diz respeito ao processo de ensino e aprendizagem formal.

Sabemos que o papel da família é proporcionar felicidade e tranquilidade para seus filhos. Mas e o aprender com autonomia? É possível tornar-se feliz sem autonomia e maturidade? Sabe aquela história de não dar o peixe pronto, mas dar o anzol para a criança pescar?

Ao longo da minha experiência clínica, não foram poucas as crianças que chegaram para avaliação psicopedagógica e que aparentavam ter transtornos de aprendizagem. No entanto, ao longo das entrevistas diagnósticas, foi possível inferir que, na maioria das vezes, tratava-se de crianças que, consciente ou inconscientemente, usavam o "problema de aprendizagem" para ganhar a atenção dos pais.

Na medida em que os pais se deparavam com essas supostas dificuldades, acabavam auxiliando de maneira equivocada, por exemplo: em vez de orientarem a criança nos deveres de casa, organizando o espaço físico, estimulando a criatividade nas tarefas e colaborando quando necessário na resolução de alguma atividade, davam respostas ou até facilitavam a execução delas, gerando assim (sem má intenção) a dependência dos filhos, pois eles só faziam as tarefas se os pais estivessem por perto.

A queixa inicial dos pais de que os filhos não conseguiam realizar as tarefas sozinhos poderia estar associada a diversos tipos de diagnósticos; no entanto, na maioria dos casos que acompanhei, a queixa inicial dizia respeito à falta de autonomia instalada porque a criança aprendeu a receber as "respostas prontas" dos seus pais.

A criança, por falta de maturidade, não entende que ao receber tudo pronto terá prejuízos, ela quer adiar o desprazer, por isso tanta satisfação em receber as respostas prontas. No entanto, os pais, como adultos e responsáveis, precisam entender que fazer pela criança comprometerá seu processo de aprendizagem. Essas crianças por mim assistidas desejam repetir esse processo na escola, esperam encontrar na figura dos professores seus próprios pais. Nesse sentido, muitas crianças acabam construindo um vínculo negativo com os professores e até mesmo com a aprendizagem, tornam-se dependentes e sem os recursos necessários para resolver as atividades pertinentes a sua escolaridade.

O processo de aprendizagem de uma criança é algo majestoso de se vivenciar e, para isso, é preciso "o participar."

Ao longo dos meus 20 anos trabalhando como pedagoga e psicopedagoga, acompanhando crianças típicas e atípicas na escola e no consultório e seus processos de aprendizagem, o que mais me encanta é vivenciar cada avanço e ver as potencialidades de cada um, suas habilidades, o processo de modificação das defasagens em ganhos de aprendizagem. O que está na base do meu trabalho é acreditar que todos são capazes de aprender, cada um do seu jeitinho (ou a partir de sua modalidade de funcionamento), entendendo, no entanto, que a participação da família no processo é fundamental.

Esse longo tempo acompanhando as crianças e suas famílias me fez aprender muito. Foram ensinamentos grandiosos que me levaram a muitas reflexões. Desenvolvi uma lista de prioridades que são imprescindíveis na relação entre pais e filhos e que compartilho com vocês:

- Façam planos juntos, caso seu filho não escreva, peça que desenhe, por exemplo: um plano para o ano que se inicia; para as próximas férias; para a festa de aniversário. A criança se sentirá parte do projeto e você ainda estimula a capacidade criativa, a organização de tempo, entre outras.
- Separe um tempo todos os dias para conversar com seus filhos, escolha, por exemplo, uma das refeições ou na hora de colocá-lo para dormir.
- Crie o hábito do diálogo desde pequenos, pois quando crescerem terão confiança em lhe contar tudo.
- Pergunte sempre como foi o dia dele(a).
- Nunca vá dormir brigado com seus filhos.
- Leia uma história, ou conte algo que você fazia quando criança (eles adoram).
- Prepare algo para comer com seu filho, pode ser um bolo ou um simples sanduíche.
- Brinque, brinque, brinque, você ficará mais leve também.
- Inventem a letra de uma música ou uma história e escrevam em um caderno de memórias.
- Não julgue os medos do seu filho, lembre-se de que você foi criança um dia e o medo faz parte do processo de crescer. Muitas vezes está relacionado aos acontecimentos do dia.
- Se você deseja que seu filho fale baixo, então não grite.
- Não tenha medo de admitir que estava errado para seu filho.
- Ajude a fazer os deveres de casa, mas não faça por ele.
- Nunca faça pela criança o que ela está tentando fazer sozinha (mesmo que ela não acerte), espere o tempo necessário para que ela conclua.
- Ensine seu filho a lidar com dinheiro. Pode, por exemplo, estipular uma mesada de acordo com a idade.
- Pare de comprar eternamente sapatos com velcro, eles precisam aprender a amarrar os cadarços.
- Deixem seus filhos escolherem a própria roupa, mesmo que saiam parecendo uma alegoria de carnaval, tudo bem! No entanto, é preciso também ensinar que para alguns lugares é preciso seguir as regras, como, por exemplo, o uniforme escolar.
- Dizer NÃO também é amar.

E lembre-se: um dia nós não estaremos mais aqui; é duro ouvir isso, não é? Mas é a verdade; e os filhos precisarão caminhar com suas próprias pernas e resolver seus próprios problemas. Aprendi isso com a mãe de uma criança dentro do espectro autista.

O aprender está em todas as coisas, sejam elas positivas ou negativas. A aprendizagem também pode partir de uma escolha.

Aprender é a possibilidade diária de transformar o mundo. É preciso aprender com as crianças, aprender pelas crianças com a certeza de que os nossos pequenos são a chave para algo maior e melhor.

A capacidade de aprender movimenta a vida, e termos consciência de que fazemos parte desse processo é o segredo de tudo.

Referências

CELIDÔNIO, R. F. Trilogia inevitável: família – aprendizagem – escola. In: *Revista Psicopedagogia*. v. 17, São Paulo: Salesianas, 1998.

CORTELLA, M. S. *Família: urgências e turbulências*. Rio de Janeiro: Cortez, 2017.

PIAGET, J. *O nascimento da inteligência na criança*. 4. ed. Rio de Janeiro: Zahar, 1982.

RELVAS, M. *Neurociência e educação*. 2. ed. Rio de Janeiro: WAK, 2009.

VYGOTSKY, L. S. *A formação social da mente*. São Paulo: Martins Fontes, 1984, p. 132.

VYGOTSKY, L. S. *Pensamento e linguagem*. São Paulo: Martins Fontes, 1987, p. 157

21

ROMPER COM A TRADIÇÃO DA MULHER-MÃE

Partindo da obra da escritora britânica Virginia Woolf, a autora discute como a cultura ocidental equivale a experiência feminina à maternidade, deixando sem significado social as vidas das mulheres que não têm filhos. Romper com a tradição da mulher-mãe, defende, é uma inovação feminista.

RENATA IZAAL

Renata Izaal

Contatos
renataizaal@gmail.com
Instagram: @renataizaal

Jornalista formada pela ECO-UFRJ e mestre em Estudos Pós-Coloniais pelo Goldsmiths College, na Universidade de Londres. Especializada na escrita sobre e para mulheres, foi editora do *Caderno Ela*, suplemento feminino do Jornal *O Globo*, e do *Projeto Celina*, plataforma do mesmo jornal dedicada às questões de gênero. Atualmente, escreve sobre gênero, feminismo e cultura no Segundo Caderno, também *d'O Globo*.

Em uma entrada em seu diário, feita em 25 de outubro de 1920, a escritora britânica Virginia Woolf listou os obstáculos à própria vaidade que a impediam de escrever com mais frequência. O primeiro deles: não ter filhos.

> *A melancolia diminui enquanto escrevo. Por que não escrevo então com mais frequência? Bem, a vaidade não permite. Até para mim eu quero parecer um sucesso. Ainda não consigo chegar ao fundo disso. Não ter filhos; viver longe dos amigos; não conseguir escrever bem; gastar demais em comida; estar envelhecendo – eu penso demais em porquês e para quês: demais em mim mesma.*

O ponto importante para este artigo não é saber se Woolf um dia desejou ou não ter filhos, ou ainda por que não os teve. O fundamental é perceber que o fato de não ser mãe incomodava sua vaidade, a ideia que ela tinha de sucesso, a ponto de incluir a falta dos filhos em uma lista de fracassos, ou, para ser mais suave, uma lista de decepções consigo mesma.

Virginia Woolf, não é difícil afirmar, foi alguém excepcional. Um dos maiores nomes do Modernismo Clássico, há quem diga que o maior, escreveu nove romances definidores de seu tempo, sete livros de contos e dezenas de ensaios, além de prefácios, cartas, peças, biografias e traduções. Tinha um círculo íntimo de afetos, que incluía o companheiro, a família próxima e amigos com quem compartilhava a paixão pelos livros e o ofício de escritora. Abraçou o ativismo político escrevendo, dando aulas e palestras em associações de mulheres, sobretudo operárias. Sua vida já rendeu biografias e filmes, nos quais nos deparamos também com seu transtorno maníaco depressivo e o suicídio, aos 59 anos, em 1941.

Mas faltava alguma coisa para Virginia Woolf; faltava a maternidade. E segue faltando: mais de um século depois do registro feito pela escritora em seu diário, a não maternidade continua sendo uma lacuna nas vidas de tantas mulheres que, por razões diversas, não têm filhos. Mesmo entre aquelas que, como Woolf em relação à literatura, entendem que são outros seus impulsos para a vida. Por quê?

A resposta pode vir em uma sentença: ser mãe é sinônimo de ser mulher. E não basta ser mãe, é preciso ser uma boa mãe, uma ótima mãe. Estar sempre presente, fazer sacrifícios, resignar-se, estar feliz com os filhos e a família.

A mulher-mãe é um papel de gênero construído pelas sociedades ocidentais no decorrer de séculos debaixo de uma lógica sexista, capitalista e religiosa. É sexista porque impõe um papel de gênero às mulheres; capitalista porque as define como reprodutoras; e religiosa ao impor contornos morais à maternidade.

Virginia Woolf, que viveu entre 1882 e 1941, conheceu uma sociedade em transição dos valores da Era Vitoriana para os da Modernidade. Em meio ao progresso da ciência, da técnica e do capitalismo industrial, nasceu a ideia de um feminino puro e passivo, belo e casto. A mulher vitoriana – e isso, é claro, exclui sem nenhum pudor a classe operária – estava pronta para ser a guardiã do lar e da família, para preservar o equilíbrio no ambiente privado diante das tormentas que aconteciam do lado de fora. A rainha Vitória, cujas cartas mais tarde revelaram que tinha sérias restrições à maternidade –, foi muitas vezes representada ao lado dos nove filhos. Ela era mãe de suas crianças e, também, de seus súditos no Império Britânico.

A própria Virginia Woolf refletiu sobre a mulher vitoriana em uma palestra feita em janeiro de 1931 às integrantes do conselho juvenil da London and National Society for Women's Service, uma sociedade que promovia a causa do emprego feminino. Mais tarde sua fala foi publicada em forma de ensaio, intitulado "Profissões para Mulheres".

> *Ela era intensamente compreensiva. Ela era imensamente encantadora. Ela era absolutamente altruísta. Ela se destacava nas difíceis artes da vida em família. Ela se sacrificava diariamente. Se havia uma galinha, ela ficava com o pé; se havia uma corrente de ar, sentava-se no local por onde ela passava – em suma, ela era constituída de tal forma que nunca tinha uma opinião ou vontade própria, sempre preferindo estar de acordo com a opinião ou a vontade dos outros. Sobretudo – não preciso dizê-lo – ela era pura. Sua pureza, supostamente, sua maior formosura – seus rubores, sua suprema graça. Naqueles dias – os últimos da rainha Vitória – toda casa tinha seu Anjo.*

O anjo da casa, como Woolf descreveu a mulher vitoriana, deixou de existir graças à luta feminista pelo espaço público e, apesar dos esforços, inclusive de muitos Estados ocidentais, para que as mulheres voltassem para o domínio privado. Mas como mudanças culturais profundas são lentas, seus resquícios ainda rondam as vidas de muitas mulheres como fantasmas. A própria Woolf precisou lidar com eles – por que outro motivo a não maternidade estava em sua lista de fracassos? – e abordou sua "luta" contra o anjo da casa no mesmo ensaio:

> *Voltei-me contra ela e a agarrei pela garganta. Fiz o que pude para matá-la. Minha desculpa, se tivesse que comparecer diante de um tribunal, seria a de que agi em legítima defesa. Se não a tivesse matado, ela teria me matado. Ela teria arrancado a alma de minha escrita.*

Quando digo que ainda existem resquícios do anjo da casa nas vidas de muitas mulheres é porque, de certa forma, essa mulher-mãe idealizada existe como um fantasma em nossa sociedade. Ela sobrevive na estrutura da sociedade patriarcal e está nos receios da mulher que não teve filhos e que é frequentemente chamada a justificar-se; está nas mulheres que assumiram a maternidade sem nunca terem refletido profundamente se faziam de fato uma escolha por si mesmas; está nas mulheres que exigem de si uma perfeição materna impossível de alcançar e, também, naquelas que sofrem e adoecem de exaustão e de culpa.

Não é sintomático, aliás, que "culpa materna" e "maternidade real" sejam temas tão debatidos na atualidade? E que exista uma expressão tão difundida na sociedade como "ser mãe é padecer no paraíso", e que não tenhamos algo no mesmo sentido para os pais?

O anjo da casa também sobrevive como um fantasma graças às palavras e ações de grupos conservadores. Não foi à toa que, em sua homilia de Ano Novo, realizada na Basílica de São Pedro, em 1º de janeiro de 2022, o Papa Francisco afirmou que "as mulheres mantêm os fios da vida". E seguiu dizendo que:

> *Visto que as mães dão vida e as mulheres mantêm o mundo, vamos fazer mais esforço para promover as mães e proteger as mulheres.*

Curiosamente, a homilia de Ano Novo teve menos repercussão do que o discurso feito por Francisco na primeira audiência geral do Vaticano em

2022, quatro dias depois. Um texto que inflamou um setor da sociedade em particular: os donos e as donas de cães e gatos, os chamados "pais e mães de pets":

> *Hoje vemos uma forma de egoísmo. Alguns não querem ter filhos. Às vezes, têm um e param por aí, mas têm cães e gatos que ocupam esse lugar. Isso pode fazer as pessoas rirem, mas é a realidade. A negação da paternidade e da maternidade nos diminui, tira nossa humanidade, a civilização envelhece.*

O Papa ter lembrado que a paternidade existe já foi um avanço e tanto em apenas quatro dias. Mas as duas manifestações públicas de Francisco apontam a lógica triforme mencionada acima. Dizer que as "mulheres mantêm os fios da vida" é reforçar o papel de gênero desenhado pela sociedade patriarcal, segundo o qual cabe às mulheres não apenas gestarem, mas cuidarem dos filhos. Afirmar que as "mães dão vida" e que as "mulheres mantêm o mundo" é colocá-las no centro do modelo de reprodução capitalista, no qual são elas as responsáveis pelo trabalho de cuidado que garante ao sistema sua mão de obra. Por fim, classificar como "egoísmo" a negação da maternidade (também da paternidade) é organizar os sentidos do ser mulher e da própria maternidade segundo a moral cristã.

Não é novidade que a Igreja Católica e os setores conservadores da sociedade (neste último, no caso brasileiro, estão incluídos os religiosos neopentecostais e os grupos políticos e econômicos de extrema-direita) associam mulher e maternidade. Mas se essa ideia está impressa na cultura, como tão bem assinalou Virginia Woolf, o que sobra? Se a maternidade é divina e incontornável – lembrem que Maria foi concebida sem pecado e, muito mais importante do que isso, sem ser consultada –, como ser mulher sem ser mãe? E como ser mãe sabendo-se mortal?

A maternidade colocada como um destino das mulheres não deixa muito espaço para escolhas reais. Vale questionar quantas de nós – e quantas antes de nós – realmente escolheram ter seus filhos. Quantas acreditaram que o desejo pela maternidade é constituinte de cada mulher para, mais tarde, sofrer e adoecer diante da realidade, sobretudo em uma sociedade, como é o caso da brasileira, que pede tanto às mães sem dar quase nada em troca? Por fim, quantas de nós tiveram a chance de afirmar "Eu escolho não ter filhos" sem serem atormentadas por expectativas externas?

As tais expectativas externas são bem conhecidas: das mães, como dito acima, espera-se entrega; que cuidem dos filhos até mesmo quando não estão presentes – a sobrecarga mental das mães, por terem que organizar a vida dos filhos para os momentos de sua ausência, tem sido muito debatida nos círculos feministas. Das mulheres sem filhos, espera-se que mudem de ideia e cumpram seu destino de mulher-mãe. Para isso, são cobradas o tempo todo, sem descanso.

Em maio de 2018, fui convidada a escrever um artigo para a revista *Ela* do jornal *O Globo* sobre a minha decisão de não ter filhos. Escrevi em tom de desabafo e compartilho um trecho em que listo justamente as expectativas externas.

> *Já me sugeriram congelar óvulos, perguntaram se eu não gosto de crianças, afirmaram que vou me arrepender, que vou morrer sozinha e que nunca vou conhecer o amor verdadeiro porque este só existe entre mãe e filho. Também já fui chamada de egoísta e criticada por negar a natureza da mulher. Ouço constantemente que devo me apressar, porque, aos 40 anos, o meu prazo de validade está chegando, um alerta que costuma vir acompanhado de muita falsa sabedoria, como "procure uma clínica porque hoje em dia ninguém precisa de sexo nem de marido para ter filhos.*

Sobre a ideia de que mulheres que não têm filhos são egoístas, vale voltar ao discurso do Papa Francisco na primeira audiência geral do Vaticano. Ele diz: "Hoje vemos uma forma de egoísmo. Alguns não querem ter filhos." Essa ideia aparece também no trecho do diário de Virginia Woolf que dá início a este artigo. Ela escreve: "eu penso demais em porquês e para quês: demais em mim mesma".

Colocar os dois discursos juntos é interessante porque ilustra o resultado que as expectativas e as cobranças da sociedade têm sobre as mulheres que não têm filhos. Por que elas são egoístas? Por pensarem em si mesmas? Quem disse que pensam apenas em si? E, por fim, pensar em si não é o que a maioria dos homens – incluindo pais – fazem o tempo todo, sem notar e sem serem cobrados por isso?

Pensar mais em si é o que uma parcela cada vez maior das mulheres brasileiras parece querer fazer. Segundo dados divulgados pelo IBGE em 2018, 14% das brasileiras não pretendem ter filhos. O número parece pequeno, mas não será estranho se crescer. As novas gerações – diante de questões de gênero, econômicas e ambientais – repensam os ganhos e as perdas da maternidade. Essas jovens mulheres têm diante de si um universo de oportunidades sem igual na História e já desafiam, nisto que chamamos de quarta onda feminista, a lógica sexista que impõe a maternidade como um destino, a mulher-mãe como um papel de gênero incontornável. Elas quebram um padrão, como observou a historiadora Mary Del Priore em entrevista ao jornal *O Globo*:

> *No governo Vargas, por exemplo, houve uma campanha enorme para tirar as mulheres do mercado de trabalho. Elas já eram operárias na fábrica e ganhavam o seu dinheiro, mas a ideia era que ficassem em casa parindo os futuros soldados do Exército Brasileiro. Esse discurso aconteceu de forma sistemática até a ditadura, quando as marchas pela família insistiam que o lugar das mulheres era dentro de casa, cuidando dos filhos. Foram quase 500 anos de perpetuação de uma ideia da mulher como mãe, por isso acho que a grande inovação hoje são as mulheres que não querem ter filhos. Elas rompem com essa tradição.*

Romper com 500 anos de tradição é pensar possibilidades criativas de vida para todas as mulheres, as mães e as não mães, sem que estejam presas em antigos papéis de gênero. É também abraçar outras ideias de maternidade, ou melhor, de parentalidade, que incluam a gestação de homens trans e as famílias formadas por casais homoafetivos, livres da dominação masculina. É possível estar no paraíso e não padecer.

22

O SENTIMENTO DE REJEIÇÃO E DE ABANDONO NA CRIANÇA ADOTADA

A adoção de uma criança é um processo complexo que suscita sentimentos ambíguos. O presente capítulo tem como objetivo privilegiar alguns sentimentos que estão presentes na vida da criança adotada. Muitas crianças se autodepreciam quando acreditam que foram colocadas para adoção porque havia algo errado com elas, sem entender o contexto no qual ela e os pais biológicos viviam. Por sua vez, os pais adotivos, se frustram por não entenderem o que pensa a criança adotiva e como devem ajudá-la. Sendo assim, há que percorrer um caminho buscando construir um futuro sólido nessa relação, sem contudo, esquecer-se do passado da criança e da representação que este faz sobre ela.

SANDRA QUEIROZ

Sandra Queiroz

Contato
sandraqueiroz91@hotmail.com

Engenheira de Produção graduada pelo ITESM, México (1996); psicóloga graduada pela UGF (2007); pós-graduação em Teoria e Clínica Psicanalítica (UGF), Teoria Especial Inclusiva (AVM), e Educação Infantil: perspectivas de trabalho em creches e pré-escolas (PUC). Especialização em Casal e Família. Mestre em Psicologia pela PUC-RJ (2012); *coach* pela Sociedade Brasileira de Coaching (2014); e Diretora Geral da Escola Canadense da Barra. Atualmente atuando como palestrante na área da educação, desenvolvimento infantil, adolescentes, casal e família.

O desejo de compreender como se sente uma criança adotiva está presente no pensamento da maioria dos pais adotivos. As perguntas sem respostas vão surgindo durante o crescimento da criança, trazendo, muitas vezes, o sentimento de insegurança e de instabilidade nas relações familiares. O fato de a criança ser exposta a vivências traumáticas de abandono e desamparo desde o estabelecimento dos primeiros contatos com a mãe biológica proporciona marcas que influenciam a construção da sua identidade e sua capacidade de criar vínculos.

Em todo esse movimento de dúvidas, questões e preocupações no processo de adoção, vemos o lado dos pais interessados em adotar e, do outro lado, as crianças colocadas em abrigos esperando o acolhimento de uma família. É um processo complexo que envolve muitas questões, sendo uma delas a incompatibilidade entre o perfil do filho desejado e o das crianças elegíveis para a adoção, ocorrendo construções distintas de narrativas que, muitas vezes, são contraditórias, o que afeta no futuro a relação entre os pais e a criança adotiva. A partir do momento que a adoção é concretizada, surge uma "nova" família na qual todos terão a difícil tarefa de se relacionar.

No caso da criança adotiva, na maioria das vezes, os primeiros cuidados não foram exercidos pela mãe biológica. A separação não ocorre somente devido ao nascimento. A criança fica também privada de ouvir a voz materna e de ter seu corpo cuidado, alimentado e acariciado por aquela que a gerou. Vivem de maneira mais intensa essa situação as crianças que passam na mão de diferentes pessoas antes de chegarem ao lar adotivo. Essas crianças são mais marcadas por um sentimento de insegurança pelas privações afetivas vividas com sucessivas figuras que fizeram parte de sua história.

Muitas delas se autodepreciam, achando que foram colocadas para adoção porque havia algo errado com elas, provocando uma dificuldade na formação de uma visão positiva de si mesma como alguém que merece ser amado. Situações como essas levam as crianças a exigirem pouco de si mesmas por acreditarem que não podem oferecer muito, "contentando-se" com qualquer coisa, ficando aquém de suas possibilidades, não ocupando o seu lugar no mundo por acreditar não ter valor.

A respeito disso, Winnicott (1965) afirma que:

> *É especialmente fácil para nós subestimar o efeito da perda nas crian-ças [...], mas a perda de um dos pais [...] pode roubar todo o sentido da existência, de modo que aquilo que tomamos erroneamente como vida é o inimigo da criança, uma vivacidade que engana a todos, menos à criança. A criança sabe que essa vivacidade tem um preço.*

Na clínica, observamos alguns sentimentos muito marcantes nas crianças adotivas, como sentimento de rejeição e medo do abandono. Esses dois aspectos estão atravessados na história da criança que sofreu uma interrupção na relação entre o que ela viveu num momento anterior da vida e o que ela vive agora, sendo, portanto, extremamente importante considerá-los quando se trata de entender as atitudes e os sentimentos da criança.

Segundo Sherrie Eldridge (1999), o sentimento de rejeição e o medo do abandono estão entrelaçados e amarrados em um grande nó na psique da criança adotiva. O medo de ficar sozinha, de ser deixada de lado, de ser esquecida, não é ilusório na vida dela, como poderia ser normalmente com as outras crianças; é um medo vindo de um registro de que um dia a criança foi deixada pela mãe real. Existe uma marca nessa criança que precede qualquer adoção e que, ao longo da vida, gera sentimentos obscuros e contraditórios, não permitindo que a criança consiga nomear ou entender o que acontece com ela.

Certamente as crianças não se lembram do momento em que nasceram, quem foi responsável pelos primeiros cuidados ou do desligamento da mãe biológica, principalmente se a adoção ocorreu cedo, mas há algo da ordem do indizível que carregam consigo e que nem elas conseguem nomear.

Em "Recordar, repetir e elaborar", Freud (1914) afirma que o indivíduo não se lembra de coisa alguma do que esqueceu e reprimiu, mas o expressa pela atuação. A pessoa o reproduz não como recordação, mas como ação, repete-o sem saber o que está repetindo e sob as condições da resistência. Muitas vezes um evento atual, que desperta desprazer, está relacionado a um anterior que foi recalcado.

Luiza chegou ao consultório para falar sobre sua filha de 12 anos. A menina havia sido adotada com 3 anos e 9 meses, e todos os cuidados de uma mãe amorosa foram dados a Camila. Ela conta que a menina sempre foi muito afetuosa, mas que estava percebendo nela uma atitude com as amigas que a deixava muito preocupada. Na verdade, Camila estava se comportando de modo diferente do que a mãe esperava.

Além disso, a escola havia chamado Luiza para dizer que Camila estava constantemente envolvida em confusões e que a desculpa era sempre a mesma, "eu não fiz nada". Na verdade, as más ações não eram de iniciativa dela, mas com a preocupação de não perder o amor dos amigos, ela acabava se envolvendo nas situações, porque não conseguia dizer "não" ou colocar limites nas ideias erradas do grupo.

Essa necessidade de atender ao que o outro deseja de nós pode contribuir para a demonstração de sentimentos de incompetência e de culpabilidade. O que vem a fortalecer ainda mais o medo da devolução, e os pais adotivos, por outro lado, se angustiam ao ter que lidar com os temores advindos de acolher uma criança cuja origem biológica é desconhecida e temida.

Quando recebi Camila no consultório, fiquei encantada com seu jeitinho tímido e acanhado. Os atendimentos eram cobertos de histórias que Camila trazia, e era perceptível em sua fala o receio de não desapontar os amigos. Queria ser amada e nunca decepcionar o grupo. Queria ser a melhor amiga, a mais fiel e requisitada.

É importante reconhecermos que a criança é um dos elementos vulneráveis no contexto da adoção, e conhecer significados por ela produzidos é fundamental, se quisermos elevá-la para uma posição de sujeito ativo e de direitos nesse processo. Suas narrativas são de extrema importância, e investigar a adoção a partir da perspectiva da própria criança tem sido algo muito enriquecedor.

Em uma sessão, Camila entrou ansiosa para contar um sonho que havia tido. Nesse sonho, ela estava na escola, e algo havia acontecido (ela não lembrava o quê) que fez seus amigos brigarem com ela e se afastarem durante todo o recreio, "fiquei sentada sozinha no canto do pátio". Ao contar o sonho, seus olhos se encheram de lágrimas como se tudo tivesse sido real. Ao terminar de contar, ela disse: "me senti abandonada".

Camila também trouxe o sentimento de vergonha que sentia quando o assunto adoção era tocado. Esse tema fazia com que ela ficasse calada sem o desejo de fazer qualquer comentário. Chegou a mencionar que se sentia diferente dos outros.

Muitas crianças adotivas, não importa quão positivo seja seu lar de adoção, vivem com o medo de rejeição não verbalizado. A dor que acompanha a perda é difusa, sutil e difícil de colocar em palavras. Por isso, é comum que a criança ou o adolescente adotivo tenham medo de amar as pessoas, achando que serão abandonados de novo. E, muitas vezes, acabam afastando as pessoas que tentam se aproximar deles. É importante a criança ter um espaço no qual possa falar de suas inquietações, de seus medos e de suas angústias. Não somente numa terapia, mas também dentro do contexto familiar. O sonho de Camila ilustra o que pode ser a situação de adoção em relação ao sentimento de medo de ser rejeitada ou abandonada. Elas vivem, na realidade, o sentimento mais temido pela humanidade: o desamparo.

Somente após algumas sessões Camila trouxe a questão da adoção. Ficou clara a vontade que ela tinha de entender por que a mãe biológica havia a abandonado, e a pergunta era: "qual era o meu problema? Existia algo errado comigo?". Camila não conseguia ter clareza sobre os fatos relacionados a sua adoção, sua origem, quem eram seus pais biológicos e o motivo da adoção. Ela não conseguia enxergar que a questão não era ela, e sim as dificuldades dos pais biológicos em cuidar dela.

Segundo Levinzon (2004), as vicissitudes na formação da identidade são, de certa maneira, uma decorrência natural no caso da criança adotiva, na medida em que há dois grupos de pais e uma origem muitas vezes desconhecida para a criança. Dentro desse contexto, a pergunta "quem sou eu" pode dar inclusive uma medida de saúde mental. A partir daí, podemos pensar que, para a construção da identidade dessas crianças, é preciso trazer um sentimento de continuidade com o passado; gerar momentos para que a criança adotiva fale sobre sua história, durante a vida, parece um modo positivo de auxiliar no seu processo de construção de identidade. Compor narrativas de sua origem é essencial no processo de revelação e passa a ser entendido como um processo a ser estudado ao longo da vida, não como um fato único.

Infelizmente, às vezes, os pais adotivos evitam falar da origem da criança e passam a ideia de que esse tempo deve ser anulado de suas vidas, tirando da criança a oportunidade de ter uma imagem completa de sua existência. Quando a criança traz o seu passado, ela ganha espaço para reconstruir sua história de vida. E isso pode acontecer várias vezes ao longo do tempo.

É muito importante os pais adotivos conversarem sobre a adoção, e essencial também os filhos compreenderem o que a adoção significa, mesmo que esse entendimento leve algum tempo.

Quando a criança fala de sua origem biológica, ela se defende da dor do abandono e da perda, criando uma mãe biológica ideal, sobre a qual desenvolve fantasias. O mesmo pode ocorrer em relação à mãe adotiva supervalorizada pela criança que teme sofrer um novo abandono. Diante dessa significativa história de vida, cabe aos pais adotivos demonstrarem disponibilidade, interesse e compreensão para o relato da criança.

Segundo Berthoud (apud VARGAS, 1998), a possibilidade da criança adotiva estabelecer um apego seguro pode ser a mesma encontrada em filhos naturais. Sendo assim, podemos afirmar que a relação estabelecida entre os pais adotivos e a criança deve estar pautada no amor, na empatia, na paciência e na tolerância, levando em conta que não deve haver falta de limites por parte dos pais. Os limites adequados são necessários para gerar segurança na criança. Os pais adotivos podem e devem ensinar aos filhos a se libertarem dos medos. É preciso que os pais entendam que ser um caminho aberto para a comunicação ajudará muito na construção da identidade da criança adotiva.

Vargas (1998, p. 149) também enfatiza o processo da adoção dentro de um contexto interacional no qual a dificuldade, ou não, da criança de estabelecer novos vínculos estaria, basicamente, relacionada com a possibilidade de expressão e atendimento, pelos pais adotivos, de suas necessidades emocionais mais primitivas, ou seja, de ser gestada novamente, de se mostrar indefesa, de requerer atenção, de renegar essa atenção... Enfim, de refazer todo o caminho para a construção de seu novo eu a partir dos novos modelos parentais.

A família deve ser capaz de criar um clima fundamentado no amor e na confiança, um clima que permita aos filhos sentirem-se totalmente seguros de que esta é sua família para sempre. Ao mesmo tempo, os pais têm que estar convencidos de seu papel de pais, protetores, cuidadores, educadores e transmitir a seus filhos a ideia de que se preocupam com sua aprendizagem e desenvolvimento (PALÁCIOS, SANCHES-SANDOVAL & LEON, 2004, p. 84).

Quando os pais sobrepõem o vínculo afetivo ao desejo de cuidar de uma criança, as dificuldades serão atenuadas e conduzidas de modo a fazer a criança sentir-se acolhida e amada. Cabe aos pais abrirem espaço para que a criança fale de seu passado, sempre que ela assim desejar.

Nesse percurso de construção de uma nova vida, em que passado e presente necessariamente se entrelaçam, há que se elaborar perdas ligadas a recordações e afetos e investir em emoções novas, estabelecendo novos vínculos.

Referências

ABADI, D. E.; LEMA, C. G. *Adopción del abandono ao encuentro*. Buenos Aires: Kargieman, 1989.

BERTHOUD, C.M. E. *Filhos do coração: o comportamento do apego em crianças adotivas*. Tese de doutorado, PUC-SP, 1992.

BRODZINSKY, D. M. (2006). *Family structural openness and communication openness as predictors in the adjustment of adopted children.* Adoption Quarterly, 9, 1-18. doi:10.1300/J145v9n04_01.

ELDRIDGE, S. *twenty things adopted kids wish their adoptive parents knew.* Indiana: Delta, 1999.

FREUD, S. (1926). Inibições, sintomas e angústia. In: *Edição standard brasileira das obras completas de Sigmund Freud* (J. Salomão, trad.) (vol. XIV). Rio de Janeiro: Imago, 1976.

KLEIN, M. (1959) Nosso mundo adulto e suas raízes na infância. In: *O sentimento de solidão*. Rio de Janeiro, 1975.

LEVINZON, G. K. *A criança adotiva na perspectiva psicanalítica.* São Paulo: Casa do Psicólogo, 2004.

PALACIOS, J.; SÁNCHEZ-SANDOVAL, Y.; & LÉON, E. (2004). *Adelante com la adopción.* Sevilha. Junta de Andalucía: Consejeria para la Igualdade y Bienestar Social.

QUEIROZ, S. R. S. *Adoção tardia: a construção de uma nova história de vida.* Tese (Mestrado). Departamento de Psicologia: Programa de Pós-Graduação em Psicologia Clínica. PUC-RJ (2011).

VARGAS, M. M. *Adoção tardia: da família sonhada à família possível.* São Paulo: Casa do Psicólogo, 1998.

WINNICOTT, D. W. (1997). *A família e o desenvolvimento individual* (M. B. Cipolla, Trad.). São Paulo: Martins Fontes (Original publicado em 1965).

23

A ENTRADA NA ESCOLA
DA ESCOLHA À
ADAPTAÇÃO

Este capítulo foi escrito com muito carinho para os pais e mães que têm filhos pequenos e estão na fase de procura pela primeira escola. Com linguagem de fácil entendimento e leitura leve, traz dicas valiosas para essa escolha e decisão tão importantes, bem como para o processo de adaptação escolar subsequente.

VANIA LOUREIRO

Vania Loureiro

Contatos
CRP: 05/6317
www.vanialoureiropsicologia.com.br
vanialloureiro@gmail.com
LinkedIn: https://bit.ly/3LnmQ0C
Linktree: https://linktr.ee/vania.loureiro.psi
Facebook https://bit.ly/3rJWyhj
Instagram: @vania.loureiro.psi

Psicóloga graduada pela Universidade Federal do Rio de Janeiro (1980) e pós-graduação em Psicopedagogia pelo Centro de Estudos Psicopedagógicos do Rio de Janeiro, CEPERJ (1996). Em 2018, recebeu o título de especialista em Terapia Cognitivo-comportamental pelo Instituto Cognitivo – RS. Dedicou muitos anos da sua carreira à psicologia escolar e à psicopedagogia, representando por mais de 20 anos as instituições onde trabalhou junto à UNESCO. Especializou-se na clínica e hoje atende adolescentes, adultos e famílias presencialmente, no Rio de Janeiro, e on-line. Faz orientação familiar, orientação vocacional e profissional. Utiliza a abordagem cognitivo-comportamental. Presta consultorias e supervisões a profissionais afins. É consultora, palestrante e Membro da Diretoria da Associação Brasileira de Neurologia, Psiquiatria e Profissões Afins (ABENEPI) – Cap. RJ desde 2017. Coautora do livro *Psicologia além do divã* (2020), e de vários e-books.

Sempre ouvi dizer que pais não nascem prontos. Ah, não nascem mesmo! Ainda que depois de toda a idealização do nascimento de um filho, de sonhos de juventude de um lado e de outro, do planejamento (ou não) para a sua chegada, é só naquele exato e mágico momento que nasce a criança que os futuros pais e mães ganham sim a sua "titulação". E que titulação! Um título que lhes concederá uma mudança de papel social, muita responsabilidade e que os acompanhará para o resto da vida. Só que, diferentemente das outras graduações, a verdadeira formação de um pai ou de uma mãe se dá no exercício da função, ou seja, convívio com o filho ou filha. É na relação que eles se formam, é caminhando juntos que conhecem, aprendem e desvendam o caminho. E não são poucos os desafios: lidar com o choro, a primeira mamada, o primeiro banho, os engasgos, a febre inesperada, mas também o balbucio, o engatinhar, os primeiros passos e tantos outros fatos que poderíamos ficar aqui a falar deles por inúmeras páginas.

Talvez o primeiro maior desafio para pais e filhos fora do seu lar, seja a ida para a escola ou creche. Esse será o lugar onde a criança ficará pela primeira vez na vida por um tempo prolongado e sem a companhia de nenhum familiar. Que coisa mais complicada e aterrorizante! Onde se encontra uma instituição que acolha uma criança do jeitinho que seus pais esperam, que entenda os anseios do bebê, que muitas vezes ainda não fala direito e só os seus familiares compreendem o "dialeto" pelo qual se comunica? Um lugar onde também os pais sejam entendidos e acolhidos; afinal, eles estão inseguros e precisam de "colo". É como se procurassem uma agulha no palheiro! E vocês pensam que só são esses os desafios na escolha da escola? Quem dera que só fossem esses! Escolher a primeira escola ou creche para uma criança pequena envolve muitas outras variantes, e algumas vamos detalhar aqui.

Nos mais de trinta anos em que trabalhei em escolas como psicóloga, tive especial interesse e carinho pelas famílias que chegam com seus filhos pela primeira vez.

A quase absoluta maioria delas busca **acolhimento**; querem um lugar que as abrace em suas necessidades e especificidades, que as entenda e, mais do de isso, que as aceite. Não se trata só de atender à criança, mas à família. A escola ideal para este grupo é aquela que olhe para cada criança e seus pais de um jeito individualizado, olho no olho mesmo e que procure atendê-los. Nem sempre o acolhimento está em fazer tudo o que o outro quer, mas em mostrar uma escuta ativa e, se tiver que apresentar novas regras, que seja capaz de explicá-las e cuidar de adaptá-las à nova realidade.

Já outras famílias priorizam nesse momento a **metodologia de ensino** porque a criança vai crescer e cada pai quer proporcionar o melhor para os seus filhos. Nesse sentido, uns buscam a educação que tiveram e outros, exatamente o oposto. Querem dar aos filhos o que não tiveram em suas caminhadas. E há ainda os que desejam uma metodologia que prepare os seus filhos para o mundo em que vivem e que vão encontrar quando crescerem.

Outro grupo se interessa por **proximidade de casa,** já que este fator facilita a vida da família e da própria criança no quesito ir e vir; afinal, elas ainda são pequenas e se cansam muito com longas distâncias.

Vários pais procuram uma escola que se identifique e propague os **valores** em que acreditam. Para esse grupo, os valores falam mais alto e é possível passar por cima de uma ou outra variável pretendida desde que eles sejam respeitados. Algumas escolas, inclusive, são fundadas e mantidas de modo a atender aos valores e aos costumes de uma comunidade específica, seja ela religiosa, étnica ou mesmo em função de uma condição momentânea de vida atual da família, como aquelas para os filhos de imigrantes ou de militares, por exemplo.

Já ouvi de muitos pais e mães que buscavam escolas em que o **número de crianças por sala** nessa primeira fase fosse reduzido de modo a garantir mais cuidado ao seu pequeno. Isso é compreensível, já que todos procuram pela atenção plena, a substituição a contento daquela que é dispensada em casa.

Por outro lado, a questão **número de horas de permanência do aluno na escola** também conta muito, mesmo para os bem pequenos, principalmente os filhos de casais mais jovens com uma longa jornada de trabalho. Essas famílias optam por investir na educação dos filhos em tempo integral em vez de deixá-los com outros cuidadores, como familiares ou babás. Muitas vezes dizem que se tiverem que "correr riscos" de erro que seja com profissionais e sob a supervisão de especialistas. Ou seja, veem na escola um lugar mais seguro que a casa sem a presença delas.

Outro fator que determina a decisão de escolha por um colégio ou creche em detrimento de outro nessa faixa de idade também pode ser a **flexibilidade de horários** oferecida. Muitas vezes uma família quer que a criança entre mais tarde e saia mais cedo para estar mais com seus pais, ou precisa de menos horas, ou ainda necessita que os filhos saiam da escola depois de um determinado horário para que seus pais cheguem de seus trabalhos a tempo de recebê-los; enfim, esta é uma variante importantíssima para alguns.

O **ensino de vários idiomas** hoje tem se tornado fator essencial na busca da escola ideal. Afinal, se o bebê já nasceu em um mundo globalizado, é para esse ambiente que ele deverá estar preparado. Aliás, a primeira infância é mesmo terreno fértil para o aprendizado de novas linguagens.

Nessa mesma linha segue o **ensino das tecnologias**, um universo tão dinâmico que é desafio constante para educadores, pais e instituições de ensino. O que a criança aprenderá será só a base, a "ponta do *iceberg*" de tudo o que virá pela frente em sua trajetória de vida, e os pais confiam na escola para fazer essa ponte e preparar os alunos para o mundo do presente e do futuro.

Para a surpresa de alguns, várias famílias, mesmo das crianças com menos de dois anos de idade, preocupam-se e valorizam o *índice de classificação de alunos aprovados no ENEM* na escolha da primeira escola. Estes estão de olho lá no final do processo e na reputação do colégio nesse quesito, buscando garantir uma boa formação e colocação no mercado de trabalho futuro para os seus herdeiros.

Sem contar com os pais que optam pela educação pública, todos os outros preocupam-se com um fator primordial na decisão final: o **valor da mensalidade**. Afinal, de nada adianta você gostar muito de uma instituição se não tem condições de pagá-la e se o seu valor representar um problema para a família e não uma solução. Cada um sabe de si, já diziam os mais sábios.

Como todos nós sabemos, o mundo está mudando muito rápido e as **configurações de família** também. O molde antigo em que cada núcleo familiar envolvia um pai, uma mãe e seus filhos já não é mais o único jeito de se criar uma criança. Assim, cada vez mais observamos variações desse modelo e não é mais raro encontrarmos filhos de mães ou pais solteiros, crianças que são fruto de "produção independente", de inseminação artificial ou de casais homoafetivos. Há ainda as que são adotadas por apenas uma pessoa, aquelas criadas por avós, tios etc. Para todas essas pessoas, um fator que conta muito é a capacidade da escola em aceitar e lidar com a **diversidade**, já que essa é uma característica inscrita na família desde a sua formação.

Não poderia deixar de falar aqui daqueles pais que procuram e precisam de uma **escola inclusiva**. Todos nós temos nossas diferenças e especificidades; e assim são as crianças que nascem ou desenvolvem alguma deficiência e que têm o direito garantido por lei à educação como todas as outras. Para esses pais, a tarefa de encontrar a escola ideal ainda é mais árdua, pois infelizmente a cultura da inclusão ainda engatinha no nosso país.

Detalhados aqui todos esses fatores que levam à escolha da primeira escola, o que posso dizer para vocês depois de tantos anos atendendo as mais diversas famílias é que não existe fórmula para encontrar a melhor instituição.

Escola boa é a **sua**, aquela que **você** escolheu, onde **você e seu filho** se sentem felizes. A que pode ser a melhor para você não é necessariamente a melhor para os seus vizinhos e amigos. E está tudo bem. Não somos iguais mesmo, lembra?

Mas acho que posso contribuir nessa busca com algumas dicas:

- A conversa com os coordenadores sobre o projeto pedagógico da escola é essencial para que os pais saibam se seus anseios educacionais serão atendidos naquela instituição.
- Saber da equipe de trabalho da escola também é muito importante. Afinal, precisamos de profissionais habilitados e capacitados para lidarmos com os nossos pequenos.
- O ideal é que a visita à escola seja feita em um horário em que ela esteja aberta, funcionando, pois fica mais fácil de ver a magia da educação acontecendo. Uma visita do estabelecimento com alunos e professores atuando é sempre muito rica em itens de observação. Melhor ainda quando conseguimos visitar a escola em horários diferentes do dia, pois podemos participar de outros momentos da rotina.
- Muita atenção ao ambiente físico, pois é lá que a criança passará uma boa parte do seu dia. É preciso que o local seja organizado, arejado, seguro e limpo.
- Se a criança vai consumir a comida da instituição, é importante observar como e por quem é manufaturada e se há uma nutricionista responsável e acessível.
- Referências de amigos e outras pessoas do meio educacional são sempre bem-vindas.

Bem, escola escolhida, desafio concluído com sucesso.

E agora mudamos de fase nesse jogo da vida familiar; próxima etapa: **adaptação escolar**.

Do mesmo jeito que nutrimos muitas expectativas com a chegada de um filho, também temos outras tantas com relação à sua adaptação à primeira escola. Alguns pais esperam que seus filhos os deixem rápido no novo ambiente, outros já imaginam que seus pequenos sentirão a sua falta e poderão até chorar, e há ainda aqueles que não estão tão preocupados com a reação dos filhos, mas sim com a própria adaptação à nova realidade.

Adaptação faz parte do processo de conhecimento, pressupõe um período que precisamos para nos acostumarmos a qualquer situação nova que enfrentamos na vida. Por envolver o encontro com o desconhecido, desperta um certo medo e vem carregada de expectativas. Com o medo, uma infinidade de sentimentos pode vir à tona, tanto para a família quanto para a criança, incluindo uma série de idealizações de ambos os lados.

Pois bem, **"adaptação escolar"** é um termo perfeito, a meu ver, para definir esse momento, pois, na realidade, toda a escola está em fase de adaptação, principalmente no início de uma nova turma inteira. Crianças e famílias sim, mas também professores, auxiliares de ensino, equipe pedagógica e de serviço. Todos precisam se conhecer, interagir. O "friozinho na barriga" está lá em todo mundo, só muda de intensidade de acordo com a função e a experiência. Então, muita calma nessa hora. Com paciência, empatia e afeto, tudo acaba dando certo.

Considerando este contexto, a escola precisa trabalhar de maneira transparente, com muita informação, orientação, troca entre todos os pais ou acompanhantes do aluno, com afastamento gradativo à medida que as etapas vão sendo vencidas e a relação de confiança é construída.

A partir daí, "estudar" se torna muito divertido.

Aqui vão algumas **dicas de como auxiliar o seu filho nesta nova fase**:

• Nunca mentir, nem sair escondido. É muito importante que se estabeleça uma relação de confiança entre a criança e a escola.
• Evitar introduzir mudanças nos hábitos das crianças nesse período. Por exemplo, retirada da fralda, chupeta, mamadeira, sono etc. A nova escola, por si só, já é uma grande mudança.
• Tentar interferir o menos possível na atuação do aluno no colégio, facilitando a criação de vínculos com os profissionais. Quando solicitados para coisas básicas como água ou banheiro, encaminhá-lo à professora para que ela o acompanhe. Entretanto, isso não quer dizer que não devam incentivá-lo nas pequenas aquisições e descobertas.
• Tentar resistir à tentação de pedir um "último beijinho" à criança que começa a se afastar do acompanhante. Ela pode desistir de sua iniciativa para ficar com aquele adulto que tanto quer o seu afeto.
• Evitar mudar sempre o acompanhante do aluno durante o período de adaptação. A criança reage de maneira diversa a pessoas diferentes e a variação frequente pode prejudicar o processo de adaptação. A pessoa ideal

para acompanhar um aluno em adaptação é aquela que concorda com a sua entrada para o colégio e da qual ele tem mais facilidade em se despedir.

• Não acumular dúvidas nem ansiedades. Os pais podem e devem sempre procurar pela equipe psicopedagógica da escola para auxiliá-los, mesmo num período mais adiantado da adaptação, se houver necessidade.

É isso! Com tanto amor e vontade de acertar, tudo tende a tomar o rumo certo. O universo da aprendizagem formal da criança estará apenas começando, e muitas emoções para pais e filhos virão.

24

SEPARAÇÃO DOS PAIS E PRESERVAÇÃO DOS VÍNCULOS FAMILIARES NA PRIMEIRA INFÂNCIA

EXISTEM CAMINHOS POSSÍVEIS?

Bebês não nascem prontos e pais também não. A receita se dá aos poucos, com porções de afeto, desafios e conflitos. A ruptura do casal durante a primeira infância dos filhos traz risco à formação dos vínculos e pode comprometer o desenvolvimento e o bem-estar da criança e da família. A importância dessa fase impõe investimento em caminhos que preservem as relações de afeto das crianças com seus pais.

VIVIANE ALVES SANTOS SILVA

Viviane Alves Santos Silva

Contatos
vialves@mprj.mp.br
Instagram: @vivialves.mprj / @poscriancas
http://lattes.cnpq.br/8568154195554253

Promotora de Justiça do Ministério Público do Estado do Rio de Janeiro (MPRJ). Titular da Promotoria de Justiça de Família de Mesquita/RJ. Graduada em Direito pela UERJ (2002). Especialista em Criminologia pelo ISMP-AMPERJ (2010). Especialista em Crianças, Adolescentes e Famílias pelo IERBB/MPRJ (2021). Cocoordenadora e professora da pós-graduação em Crianças, Adolescentes e Famílias do IERBB/MPRJ. Integrante do programa de Liderança Executiva em Desenvolvimento da Primeira Infância do Núcleo Ciência pela Infância/Harvard (2018). Tutora do Curso Marco Legal da Primeira Infância e Suas Implicações Jurídicas do Conselho Nacional de Justiça (CNJ). Membro do Conselho Consultivo do Observatório Nacional da Adoção (OBNAD). Associada IBDFAM (2016).

Um bebê planejado e idealizado pelos pais. Desde o ventre, seu nome é escolhido, seus pais conversam com o pequeno em formação. Em alguns momentos, cantam para o filho, que reconhece a voz e responde com chutes sentidos pela mãe e pelas mãos do pai ao acariciar a barriga gestante. O casal comparece aos exames médicos do pré-natal, antevê nas imagens o pequeno sujeito em formação; informa-se sobre os benefícios da amamentação e o pai faz um curso de banho e cuidados iniciais do bebê recém-nascido. Há saúde na relação e uma rede de apoio se forma para a chegada do bebê e acolhimento dos pais novatos.

Sabemos que este ambiente de saúde emocional e física em torno do casal e do bebê favorece positivamente o desenvolvimento do núcleo familiar, a formação dos vínculos afetivos entre filho e pais e proporciona o apego seguro. A saúde mental dos principais cuidadores é determinante para o desenvolvimento infantil e impacta decisivamente toda a vida humana.

Contudo, o que fazer quando esse ambiente ótimo não é realidade para o casal? O que acontece com o desenvolvimento do bebê quando a separação, o divórcio e a ruptura da relação conjugal se dão na primeira infância da prole? É possível a construção de vínculos seguros entre a criança e seus pais em gestações surgidas inesperadamente, sem a formação do casal conjugal?

A primeira infância – o que sabemos

Os anos iniciais da vida da criança são fundantes do seu desenvolvimento sob todos os aspectos: físico, mental, psíquico, cognitivo, emocional etc. Diversas pesquisas mostram que a aprendizagem das habilidades do bebê começa logo na gestação. Há uma conexão física, hormonal e emocional entre feto e mãe, e o que se passa com um repercute no outro.

A ciência confirma a cada dia com mais recursos imagéticos o que as áreas da psicologia e da pedagogia já desvendavam há muitas décadas com atenta observação e escuta cuidadosa: bebês nascem com história, necessitam de muito afeto e de um ambiente saudável para o desenvolvimento adequado.

A chamada primeira infância tem, inclusive, definição jurídica no Brasil. O Marco Legal da Primeira Infância – Lei n. 13.257/2016 – conceitua-a em seu artigo 2º: o período que abrange os primeiros 6 (seis) anos completos ou 72 (setenta e dois) meses de vida da criança.

O recorte etário contido na lei de modo a garantir uma proteção específica e prioritária das crianças na primeira infância deriva de estudos nacionais e internacionais que indicam que nos seis primeiros anos de vida o desenvolvimento dos circuitos cerebrais é mais intenso e existe imensa plasticidade cerebral. O cérebro humano é uma estrutura altamente complexa que só vai atingir o pleno desenvolvimento depois dos 21 anos ou mais; e no início da vida as bases serão fundamentais para o desenvolvimento posterior de funções cognitivas mais especializadas como atenção, memória, controle inibitório e planejamento, todas funções decisivas para o sucesso escolar e melhores condições de vida na fase adulta.

Os pais e o afeto

A potencialidade de desenvolvimento do bebê depende de boas experiências relacionais no começo da vida. Bebês possuem uma propensão inata para a relação com o outro, um dom de interação, na medida em que precisam do adulto cuidador para sobreviver. São esses adultos, geralmente, mãe e pai, que farão a primeira leitura de suas demandas, choros, necessidades fisiológicas, conversando com a criança, em um jogo de ação e reação que moldará a arquitetura cerebral e todas as habilidades decorrentes.

Não faltam estudos acerca da importância do vínculo mãe - bebê, do parto e da amamentação para a construção e consolidação deste vínculo parento--filial, da necessidade de cuidado da saúde mental da mãe, já que a depressão materna impacta negativamente o desenvolvimento do bebê[1]. Com relação à função do pai, diante de festejadas mudanças sociais que colocaram a mulher no mercado de trabalho e trouxeram a figura paterna para o seio do lar, muito passou a ser estudado nessa seara.

Tal como Winnicott disse que *não existe essa coisa chamada bebê*, para esclarecer que um bebê só será sujeito se cuidado por alguém numa relação,

---

1 Para ler mais: Importância dos vínculos familiares na primeira infância: estudo II/organização Comitê Científico do Núcleo Ciência pela Infância. São Paulo: FMCSV, 2016. Disponível em: <https://ncpi.org.br/wp-content/uploads/2018/07/Vinculos-Familiares.pdf>. Acesso em: 12 ago. 2021.

acrescento que não existe essa coisa chamada mãe ou pai de maneira isolada, sem que haja uma criança nessa relação.

Então, quando falamos em bebê, em primeira infância e nascimento, atentemos para o nascimento de dois cuidadores principais: mãe e pai. Seus corpos passarão por mudanças físicas e emocionais. Apesar de o corpo feminino ser o que gesta e amamenta, recebendo a onda hormonal que favorecerá o vínculo, o pai pode desde a gestação desenvolver habilidades para o cuidado do recém-nascido.

A parentalidade está em desenvolvimento desde a gestação. Mudanças fisiológicas ocorrem na gravidez para a mãe e com maior intensidade para o pai após o nascimento e, preferencialmente, se houver a interação precoce pai - bebê.

Estudos recentes indicam que, quanto maior o envolvimento paterno no cuidado das crianças, mais forte será este vínculo, com elevação dos índices do hormônio ocitocina tanto no pai quanto no filho. A ocitocina, conhecida como o hormônio do amor, contribui para o fortalecimento do vínculo entre as pessoas. Sua produção natural em nossos corpos se dá com interação física: beijos, abraços, cuidados e sorrisos trocados, situações estas que ocorrem no cuidado diário de crianças.

Assim, mais seguro será o vínculo entre a criança e seus pais, quanto mais responsiva e contínua for a relação de ação e reação entre o bebê e cuidadores. A construção das funções materna e paterna carece do contato corporal dos pais com o bebê.

A função de *gatekeeper*

O *gatekeeper* é aquela pessoa que detém as chaves para controlar o acesso a determinado lugar, pessoa ou informação. No caso da parentalidade, diz-se que os pais da criança são os primeiros *gatekeepers*, função necessária para proteção e preservação da vida deste ser completamente indefeso e dependente de cuidados de terceiros para a sobrevivência. Os pais definirão quais são as pessoas, lugares e informações que são seguras para suas crianças, definições estas que mudam conforme o crescimento e desenvolvimento da criança.

A natureza encarregou a mulher da gestação e da amamentação dos filhos. Esse contato físico intenso nos meses da gravidez e da amamentação favorece que a mãe aja como a primeira *gatekeeper* do bebê, filtrando as pessoas que podem ou não ter contato com a cria.

Françoise Dolto afirma que o pai só assume relevância na vida do bebê pelo fato de a mãe lhe falar dele e pelo modo como esta lhe fala sobre ele. A psicanalista lembra que, apesar de a aparente díade mãe-bebê existir nos primeiros meses de vida da criança, tal não exclui a triangulação mãe-pai-bebê para a constituição do sujeito.

Nesse sentido, a função de *gatekeeper* materna pode ter um impacto muito grande no relacionamento da criança com seu pai. Em regra, será a mãe que dirá os limites da entrada do pai na vida da criança, sobretudo quando os pais não formam um casal conjugal.

Caminhos possíveis para a construção de vínculos entre crianças seus pais

Pela lei, mãe e pai exercem direitos e deveres em relação aos filhos, em pé de igualdade. Ambos têm os deveres de sustento, guarda e educação; e a autoridade parental deve ser exercida com responsabilidade, em benefício do desenvolvimento integral deles.

As causas para a impossibilidade de entrada do pai na vida da criança devem ser analisadas pelos pais, de preferência com o auxílio de um terceiro de confiança que poderá ajudar no exercício da função de *gatekeeper*. O terceiro pode ser um familiar, amigo, psicólogo ou, em último caso, a justiça, caso os pais não consigam resolver os conflitos por si só.

Tenhamos em mente que um casal com filhos na verdade constitui dois casais: o casal conjugal e o casal parental. Com o divórcio ou separação, rompe-se somente o casal conjugal. O casal parental permanece, subsistindo todos os direitos e deveres dos pais em relação aos filhos.

Saibamos igualmente que um ambiente familiar de discussões e agressões constantes (verbais ou físicas) pode constituir o chamado estresse tóxico[2] e prejudicar o desenvolvimento infantil na primeira infância.

Com essas premissas, os pais separados com filhos na primeira infância combinarão rotinas que favoreçam a construção dos vínculos parento-filiais. E, para isso, não há fórmula mágica. A definição da guarda e a convivência com as crianças têm que considerar inúmeras variáveis. O bebê está sendo amamentado? Os pais moram próximos? Há rede de apoio para a criança? Há relação de confiança entre os pais? Existem irmãos? Quem tem maior tempo em casa disponível? Dentre outras questões.

---

2 Mais informação sobre estresse tóxico em: <https://ncpi.org.br/publicacoes/como-o-estresse-toxico-nos-afeta-e-o-que-podemos-fazer-a-respeito/>. Acesso em: 17 ago. 2021.

Diante da crucialidade da primeira infância para o desenvolvimento e da rapidez de sua passagem, é importante que os pais ajustem a guarda e a convivência de modo a propiciar rotina segura e previsível para as crianças. O sono, a alimentação, o banho e os momentos de vigília serão elementos-chave para o estabelecimento dos períodos de convivência materno e paterno. E certamente haverá muitas mudanças nesses combinados no decorrer da vida, em razão do desenvolvimento e da maturidade das crianças.

A criança deve ser o farol para todos os acordos que lhe digam respeito. Seja na conversa amigável, na discussão, na mediação, na terapia, na resolução judicial, a criança será o denominador em comum que o ex-casal deverá ter em conta para as decisões tomadas.

É necessário ainda que a separação seja esclarecida à criança desde sua tenra idade. Crianças merecem ser tratadas como sujeitos, integrantes da família em modificação. Seres humanos são constituídos pela linguagem e o não dito pode causar abalos físicos e emocionais para todos da família.

Separar-se quando da chegada de um filho ou em seus primeiros anos dificilmente está nos planos do casal. Uma gravidez inesperada também não. Em todas as situações, porém, o que pode ser planejado são passos de um desenvolvimento pleno e saudável para uma criança que tem direito a uma mãe e um pai, desde o começo da vida.

Referências

BRASIL. Constituição (1988). Constituição da República Federativa do Brasil, art. 226, §§ 5. e 7. e art. 229. Brasília, DF: Senado Federal: Centro Gráfico, 1988.; Código Civil: art.1566, IV.

COMITÊ CIENTÍFICO DO NÚCLEO CIÊNCIA PELA INFÂNCIA. *Importância dos vínculos familiares na primeira infância*. Disponível em: <https://ncpi.org.br/wp-content/uploads/2018/07/Vinculos-Familiares.pdf>. Acesso em: 12 ago. de 2021.

COMITÊ CIENTÍFICO NÚCLEO CIÊNCIA PELA INFÂNCIA. *O impacto do desenvolvimento na primeira infância sobre a aprendizagem*. Disponível em: <https://ncpi.org.br/wp-content/uploads/2018/07/O-IMPACTO-DO-DE-SENVOLVIMENTO-NA-PRIMEIRA-INFaNCIA-SOBRE-A-APRENDI-ZAGEM.pdf>. Acesso em: 25 mar. de 2022.ROHDE, L. A. *et al.* A função paterna no desenvolvimento do bebê. *Revista de Psiquiatria do Rio Grande do Sul.* 1991. Vol. 13, pp. 127-135.

DOLTO, F. *Quando os pais se separam*. Rio de Janeiro: Jorge Zahar Editor, 2003, p. 14.

FELDMAN, R. *et al. Father's brain is sensitive to childcare experiences*. Disponível em: <https://doi.org/10.1073/pnas.1402569111>. Acesso em: 13 ago. de 2021.

GUEDENEY, A. *Alguns fatos novos a respeito do bebê*. In: SOULÉ, M.; CYRULNIK, B. *A inteligência anterior à palavra: novos enfoques sobre o bebê*. Porto Alegre: Artmed, 1999, p. 97.

WINNICOTT, D. W. *A criança e o seu mundo*. Rio de Janeiro: Zahar, 1985, p. 99.